FERRET 1976

FACULTÉ DE DROIT DE BORDEAUX

ÉTUDE

SUR

LA NOVATION

EN DROIT ROMAIN ET EN DROIT FRANÇAIS

THÈSE POUR LE DOCTORAT

soutenue le 1er mars 1873

PAR

Léon VÉRON-RÉVILLE, AVOCAT

né à Colmar (Alsace)

BORDEAUX

IMPRIMERIE DE J. DELMAS

139, rue Sainte-Catherine, 139

1873

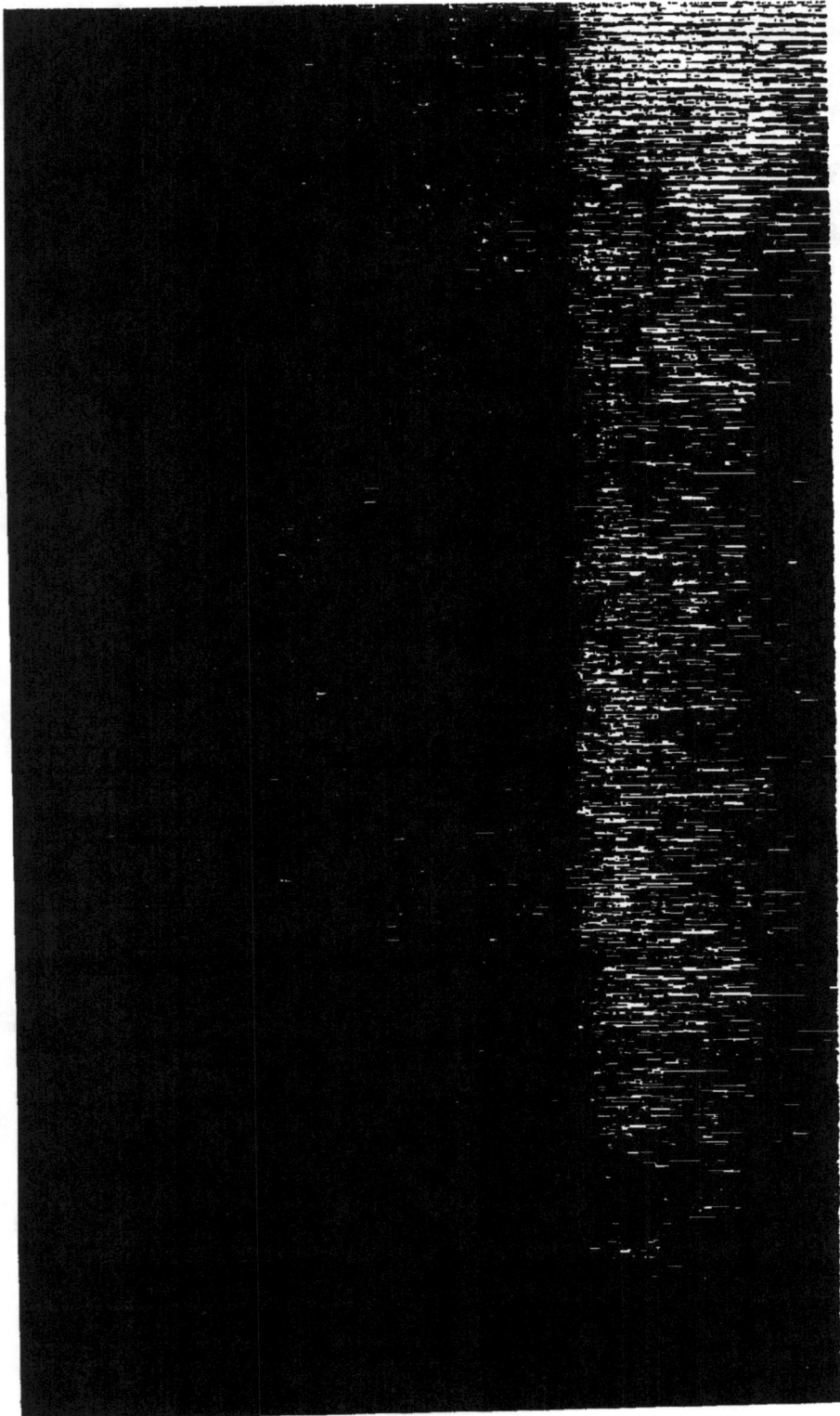

FACULTÉ DE DROIT DE BORDEAUX

ÉTUDE

SUR

LA NOVATION

EN DROIT ROMAIN ET EN DROIT FRANÇAIS

THÈSE POUR LE DOCTORAT

soutenue le 1er mars 1873

PAR

Léon VÉRON-RÉVILLE, AVOCAT

né à Colmar (Alsace)

BORDEAUX

IMPRIMERIE DE J. DELMAS

159, rue Sainte-Catherine, 159

1873

FACULTÉ DE DROIT DE BORDEAUX

PROFESSEURS :

COMMISSION DE LA THESE.

A LA MÉMOIRE DE MON PÈRE

A MA FAMILLE

DROIT ROMAIN

DE NOVATIONIBUS ET DELEGATIONIBUS

(Liv. XLVI, tit. 2, Dig. — Liv. VIII, tit. 42, Cod.)

PROLÉGOMÈNES.

On définit généralement la novation : la substitution d'une nouvelle dette à une ancienne qui se trouve éteinte. Les jurisconsultes romains l'indiquent en ces termes : *Novatio est prioris debiti in aliam obligationem, vel civilem, vel naturalem, transfusio atque translatio; hoc est, cum ex præcedenti causa ita nova constituatur, ut prior perimatur.* (L. 1, pr. h. tit.)

Quant à ce nom de *novation*, il vient justement de ce qu'une dette nouvelle est substituée à l'ancienne : *Novatio enim a novo nomen accepit, et a nova obligatione.*

La novation est donc un mode d'extinction des obligations. Parmi les modes d'extinction des obligations, les uns opèrent *ipso jure*, et les autres *exceptionis ope*. La novation opère *ipso jure*. La distinction entre ces deux espèces est fort importante, car les effets produits par chacune d'elles sont bien différents.

Une obligation est éteinte *ipso jure* lorsqu'il s'est produit un fait juridique, considéré par le droit civil comme étant de nature à la faire disparaître. Tels sont le paiement, l'acceptilation, la novation, le mutuel dissentiment, la perte de la chose due.

Il y a lieu à exception lorsque l'obligation, valable selon le droit strict, est infirmée par le Préteur à raison de l'équité; de là les exceptions *doli mali, quod metus causa, rei judicatæ, pacti conventi, jurisjurandi,* etc.

2

L'intérêt pratique de cette distinction se présente à plusieurs points de vue. D'abord, sous le système formulaire, le débiteur actionné par le créancier doit faire insérer son exception dans la formule, s'il veut se prévaloir d'un moyen *exceptionis ope*. Le moyen *ipso jure*, au contraire, peut être invoqué devant le juge sans insertion dans la formule.

De plus, un mode d'extinction *ipso jure* peut, en général, être invoqué par tout intéressé. L'exception, au contraire, peut être personnelle à un seul des intéressés, comme à un débiteur solidaire; lui seul donc peut l'invoquer.

Enfin une obligation éteinte *ipso jure* l'est d'une manière définitive. L'exception, au contraire, la laisse subsister, mais ne fait qu'en paralyser l'action; et la cause de paralysie disparaissant, l'obligation se retrouve avec toute sa force.

La novation opérant *ipso jure*, éteint complétement la première obligation, quelles que soient sa nature et la manière dont elle s'est formée, et en crée une nouvelle, destinée à remplacer la première; de telle sorte que la création de la seconde est la cause de l'extinction de la première, et que l'extinction de la première est la cause de la création de la seconde.

La novation est donc toute volontaire; c'est une convention sanctionnée par le droit civil, par laquelle deux personnes conviennent de substituer une obligation à une autre selon certaines formes déterminées par la loi.

A côté de cette novation volontaire se trouve une sorte de novation appelée *nécessaire* par les commentateurs modernes: c'est l'extinction d'une obligation et son remplacement par une autre, opérés par la *litis contestatio*.

Nous diviserons ce travail en trois parties: dans la première, nous traiterons des conditions et des effets de la novation ordinaire; dans la seconde, nous parlerons de la novation par délégation et des effets qui lui sont propres; enfin dans la troisième, nous dirons quelques mots de la novation nécessaire et des caractères qui la distinguent de la volontaire.

PREMIÈRE PARTIE.

DES CONDITIONS ET DES EFFETS DE LA NOVATION.

Pour que toute novation puisse avoir lieu, il faut : 1º qu'elle s'opère d'après un mode déterminé par la loi ; 2º que les parties aient la capacité de l'opérer ; 3º qu'elles aient eu l'intention de nover ; 4º qu'il existe une première obligation qui puisse être novée ; 5º enfin qu'une seconde obligation vienne remplacer la première.

Tels sont les éléments des cinq premiers chapitres de cette partie ; nous consacrerons le sixième à l'étude des effets de la novation.

CHAPITRE Ier.
DES MODES NÉCESSAIRES POUR OPÉRER NOVATION.

En droit romain, la novation ne s'opère pas de la même manière que dans le droit français ; chez nous, pour transformer une obligation en une autre, il n'est pas besoin d'autre formalité que l'accord et l'intention des parties. Si, par exemple, nous substituons au prix d'une vente un prix plus élevé, il est certain que ce fait entraînera novation en droit français. Mais il n'en est point ainsi en droit romain.

Prenons l'exemple dont nous venons de parler : nous convenons entre nous qu'au lieu de 100 francs, prix d'une vente que vous avez contractée avec moi, vous me paierez 200 francs. Dans ce contrat, il y a deux actes distincts : la résolution d'une première vente *mutuo consensu*, et la formation d'une seconde, également en vertu du consentement. Tandis que, dans le droit français, il y aurait novation, parce que le consentement suffit, il n'en est point de même dans le droit romain, quand même les parties l'auraient voulu.

Car dans la loi romaine la forme emporte le fond ; elle a assigné des règles particulières à chaque acte ; dans l'hypothèse qui nous occupe, il ne suffit donc pas d'avoir eu l'intention d'opérer novation ; il faut, en outre, employer les formes déterminées. Sans cela, chacun des deux actes sera traité juridiquement comme s'il était seul, et leur assemblage est un simple fait qui n'entraîne aucune conséquence juridique.

Les formes indispensables pour opérer novation sont la stipulation, le contrat *littéris* et la *dotis dictio*.

SECTION Ire.

Stipulation.

La stipulation était le seul mode qui fût encore en usage sous Justinien pour opérer novation. Les deux autres étaient tombés en désuétude longtemps avant lui.

La stipulation était le mode le plus général dans l'ancien droit ; elle n'était pas comme le *mutuum*, par exemple, un contrat *sui generis*, ayant un but parfaitement déterminé ; c'était plutôt une forme à l'aide de laquelle on pouvait rendre efficaces toutes les conventions licites possibles. Elle consistait dans une interrogation suivie d'une réponse conforme. Cette interrogation et cette réponse devaient être faites autrefois dans certains termes identiques : *spondesne? spondeo,* pour les seuls citoyens romains, et *promittisne? promitto,* pour tous, citoyens ou pérégrins. Mais plus tard la réponse put être faite dans d'autres termes que l'interrogation ; et Gaïus nous apprend même qu'on pouvait employer une langue différente ; cependant la forme *spondesne? spondeo,* resta propre aux citoyens romains, et les pérégrins ne pouvaient pas l'employer ; jusqu'à ce qu'une constitution de l'empereur Léon vînt supprimer toute parole consacrée, pourvu que les parties manifestassent leur consentement d'une manière claire et précise.

Section II.
Contrat litteris.

Le contrat *litteris*, sur lequel il ne nous reste que peu de documents, était assez souvent employé dans l'ancien droit pour opérer novation.

Les Romains tenaient un registre domestique, dans lequel ils consignaient exactement leurs opérations, revenus et bénéfices, et qu'ils appelaient *codex accepti et expensi* ou *tabulæ*. Pour le rédiger avec soin, ils inscrivaient d'abord leurs notes sur une sorte de brouillon, appelé *adversaria*, pour ensuite reporter avec ordre leurs mentions sur le registre. Les indications portées sur les *adversaria* n'avaient aucune valeur en justice; au lieu que, relativement à celles du *codex*, le juge avait un pouvoir discrétionnaire pour les apprécier, et elles pouvaient faire foi en faveur de celui qui les invoquait.

Le *codex* contenait deux sortes d'énonciations : les unes, appelées *arcaria nomina*, servaient simplement à prouver un contrat précédemment existant; comme elles n'étaient qu'un moyen de preuve, elles pouvaient être invoquées contre les pérégrins; les autres, appelées *transcriptitia nomina*, formaient le véritable contrat *litteris*, appelé aussi *expensilatio*. Si, du consentement de Titius, j'inscris sur mon registre la mention : *Expensum Titio centum*, par le fait seul de cette écriture, Titius est obligé envers moi comme si je lui avais remis à titre de *mutuum* la somme dont il s'agit.

Ce contrat *litteris* était employé le plus habituellement comme moyen de faire une novation. Quelques personnes ont soutenu le contraire, se fondant sur ce que Gaïus ne mentionne pas l'*expensilatio* parmi les moyens d'opérer novation, et qu'aucun texte n'en parle d'une manière positive. Nous ne partageons pas cette opinion, et nous admettons que le contrat *litteris* opérait novation, nous appuyant en cela sur l'autorité de Théophile et sur celle de Cicéron (*De offic.*, liv. III, t. 14).

Gaïus nous apprend que ce contrat avait lieu de deux manières (Com. 3, §§ 128 à 135) :

1° *A re in personam*, quand je porte sur mon registre, à la charge de Titius et du consentement de celui-ci, ce qu'il me devait déjà pour cause d'achat, de louage, de société, ou pour tout autre motif préexistant; ici ce n'est pas le débiteur, mais la cause de l'obligation qui est changée.

2° *A persona in personam*, quand j'inscris sur mon *codex*, à la place de mon débiteur primitif, le délégué que me présente ce débiteur.

Ces deux cas se rapportent bien à la novation.

Le *nomen transcriptitium* était-il un contrat de droit civil ou de droit des gens, et accessible aux pérégrins ? C'était controversé : suivant Nerva, il était de droit civil; suivant les Sabiniens, il était applicable aux pérégrins, mais seulement quand il avait lieu *a re in personam*.

Il existait d'ailleurs pour les pérégrins une obligation littérale spéciale résultant des *chirographæ* et des *syngraphæ* : les premiers étaient des écrits signés du débiteur seul; les seconds, des deux parties. Ces écrits avaient la même force probante que les *nomina*, dont ils tenaient lieu à l'égard des étrangers.

Ils étaient distincts de ce que l'on appelait *instrumentum* ou *cautio*, qui n'était que l'écrit destiné à faire preuve d'un contrat quelconque. Mais, sous Justinien, tout cela s'est confondu, et tous ces écrits ne font plus naître l'obligation, mais lui servent seulement de preuve.

SECTION III.
Dictio dotis.

La *dictio dotis* était une sorte d'obligation *verbis ;* elle différait de la stipulation ordinaire en ce qu'elle ne créait une obligation que lorsqu'il s'agissait d'une dot. De plus, la déclaration faite par le constituant de la dot n'avait pas besoin d'être précédée d'une interrogation du mari. Enfin, la *dictio dotis* était réservée à certaines personnes déterminées.

Elle consistait en des paroles solennelles par lesquelles la personne qui voulait constituer la dot déclarait au mari que telle somme ou telle chose lui serait donnée en dot. (LL. 25 ; 44, § 1;

46, § 1, *De jure dot.* D. 23, 3.) Ulpien, dans ses fragments (t. 6, § 2), nous dit que la femme, le débiteur de la femme délégué par elle, et un ascendant paternel pouvaient seuls *dotem dicere.*

La *dotis dictio* opérait novation quand, par exemple, un débiteur de la femme promettait sur son ordre au mari, à titre de dot, ce qu'il devait à la femme. On peut également mentionner les exemples cités par la loi 31, § 1 de notre titre, que nous aurons l'occasion d'expliquer plus loin.

Les textes ne parlent pas de la *dictio dotis*, car elle tomba en désuétude depuis que Théodose donna force obligatoire au pacte de dot, en en faisant un pacte légitime. Il fut dès lors inutile de recourir aux formes solennelles de la *dictio dotis* pour constituer une dot.

Partout où les compilateurs du Digeste trouvèrent l'expression *dotis dictio*, il la remplacèrent par celle de *dotis promissio;* correction maladroite, car ces textes, qui avaient un sens avec le mot *dictio*, n'en ont plus avec le mot *promissio*, ainsi que nous le verrons plus tard.

Tels étaient les modes employés pour faire novation, mais, comme nous l'avons dit, la stipulation resta seule sous Justinien, les deux autres étant tombés en désuétude longtemps avant lui.

CHAPITRE II.

DE LA CAPACITÉ DES PARTIES.

Une seconde condition nécessaire à la validité de la novation, condition du reste indispensable à tout contrat, est la capacité des parties contractantes.

Nous rechercherons donc quelles personnes peuvent nover une créance qui leur appartient, et quelles sont celles qui peuvent nover une créance appartenant à autrui. Nous examinerons chacune de ces hypothèses en distinguant les personnes qui stipulent à l'effet de nover de celles qui promettent dans le même but.

De ceux qui veulent nover une créance qui leur appartient.

I. — Parlons d'abord des stipulants. Pour opérer novation de leur créance ils doivent avoir la capacité de disposer d'une chose qui leur appartient et d'éteindre l'obligation dont ils sont créanciers. Il faut, dit la loi 10 à notre titre, qu'ils soient capables de recevoir eux-mêmes un paiement.

Ainsi en sont incapables :

1° Le pupille *sine tutoris auctoritate* (L. 20, § 1, *h. tit.*), car il ne peut recevoir valablement seul un paiement, ni aliéner une créance (L. 15, *De solut.* D. 46, 3), et c'est ce qu'il ferait en novant. Cependant, comme il peut acquérir une créance sans autorisation, le nouveau débiteur sera tenu, et le pupille aura deux créances au lieu d'une. Mais l'équité s'oppose à ce que le pupille cumule le bénéfice de deux obligations ; aussi le juge ne condamnera-t-il le débiteur à payer le montant de la première créance au pupille devenu majeur, que si celui-ci le libère de la seconde par acceptilation.

2° Le prodigue interdit, hors le cas où il rendrait ainsi sa condition meilleure (L. 3, *h. tit.*).

3° Le mineur de vingt-cinq ans, qui a nové *sine consensu curatoris*, puisqu'il ne peut pas seul recevoir un paiement (L. 7, § 2, *De minor. 25 an.* D. 4, 4), à moins que, comme l'interdit auquel il est assimilé, il n'améliore par là sa position.

4° Le *furiosus*, excepté le cas où l'acte aurait été passé dans un intervalle lucide ; car, dans ce cas, la novation serait déclarée valable.

II. — Mais quand il s'agit de jouer le rôle de promettant pour nover sa créance, les règles du droit civil sont plus larges : il suffit simplement que le promettant puisse, d'après le droit civil, jouer un rôle dans une stipulation. Ainsi le pupille, d'après la loi 1 de notre titre, peut parfaitement nover en promettant. La loi 20, § 1 du même titre, y semble contraire ; mais elle est facilement explicable, car elle envisage le pupille sous l'aspect de stipulant, tandis que dans la loi 1, il est promettant. La raison de ces deux dispositions est bien simple et parfaitement juste. En effet, permettre aux mineurs de nover en stipulant, c'était les exposer à compromettre leurs intérêts en éteignant leurs créances; mais on pouvait sans danger leur permettre de jouer le rôle de promettants, puisque, par ce fait, ils rendaient leur condition meilleure et remplaçaient l'obligation civile dont ils étaient tenus par une obligation naturelle, laquelle était suffisante pour opérer novation, ainsi que nous le verrons bientôt.

D'ailleurs, il n'y avait pas lieu de protéger le créancier en annulant la novation, car il était en faute d'avoir contracté avec un incapable, et ne pouvait s'en prendre qu'à lui-même de s'être contenté de sa promesse.

SECTION II.

De ceux qui veulent nover une créance appartenant à autrui.

Dans l'hypothèse qui nous occupe, les règles seront différentes, suivant que celui qui veut opérer novation est, ou non, sous la puissance de celui dont il veut nover la créance.

I. — Le fils, étant sous la puissance paternelle, et l'esclave, sous celle de son maître, possèdent souvent un pécule dont la libre administration peut leur être laissée : ce n'est que dans ce cas qu'ils ont la capacité de nover les créances qui en dépendent, qu'ils soient stipulants ou promettants; cependant ils ne peuvent pas faire de novation *animo donandi* (L. 20, § 1, *in fine*, *h. tit.*); en effet, la *libera administratio*, si large qu'elle soit, n'autorise pas les libéralités.

La loi 10 de notre titre, applicable quand il s'agit de nover sa propre créance, cesse de l'être dans le cas présent; ainsi le fils de famille, qui peut recevoir le paiement des sommes par lui prêtées, n'a pas toujours pour cela le pouvoir de faire novation; de même, l'esclave ne peut pas toujours nover une obligation de son pécule sans le consentement de son maître, quoiqu'il eût pu en recevoir le paiement : il faut que le fils et l'esclave en aient la *libera administratio*; s'ils ne l'ont pas, en stipulant *animo novandi*, ils acquièrent au père ou au maître une nouvelle créance sans éteindre l'ancienne (L. 16, *h. tit.*); seulement, suivant les circonstances, le promettant pourra se prévaloir de l'exception de dol.

II. — Parlons maintenant des personnes *sui juris* voulant nover une créance qni ne leur appartient pas.

Ici encore, les règles sont beaucoup plus générales quand il s'agit d'un promettant que quand c'est un stipulant. Quand il s'agit de nover en promettant, toute personne peut le faire au profit du débiteur, en promettant de payer ce qu'il doit. Il faut appliquer les règles du paiement : *Solvere pro ignorante et invito cuique licet* (LL. 53 et 91, *De solut.* D. 46, 3); car la novation n'est qu'une espèce de paiement.

Mais quand il s'agit de stipuler pour nover la créance d'autrui, les règles sont beaucoup plus restreintes : ici encore, celui qui peut recevoir un paiement ne pourra pas toujours faire novation. Il faut, pour cela, avoir reçu mandat, ou de la partie, ou de la loi. Ainsi un mandataire nommé *ad exactionem tantum*, qui n'est chargé que de percevoir le montant d'une créance, ne peut aller au delà et faire novation ; car il pourrait compromettre ainsi la position du créancier, puisque la novation éteint tous les accessoires de la première dette (L. 4, C. *h. tit.*).

Il en est de même pour un *adjectus solutionis gratia*: c'est la loi 10 à notre titre elle-même qui le dit ; c'est un simple mandataire, uniquement chargé par le créancier de recevoir un paiement, à la charge de lui en rendre compte ; il ne peut donc pas dépasser les limites de son mandat. Il y a, en effet, une grande différence entre recevoir un paiement et nover : dans le premier cas, on obtient la réalisation complète de son droit ; dans le second, au contraire, on ne reçoit qu'une créance soumise à toutes les éventualités de la fortune du débiteur.

Peuvent au contraire nover :

1° Le mandataire, *procurator* à l'effet de nover; car il ne fait qu'agir par l'ordre du créancier ; il en est de même du *procurator in rem suam*, cessionnaire d'une créance, qui jouit de toute liberté dans ses actions, n'ayant de comptes à rendre à personne ; et du *procurator omnium bonorum*, mandataire chargé de l'administration de tous les biens, pourvu toutefois qu'il ait la *libera administratio* (L. 58, *De procur.* D. 3, 3).

Mais si un tiers, en l'absence du créancier, et sans mandat de sa part, stipule dans l'intention d'opérer novation, et que le créancier ratifie *ex post facto*, cette ratification équivaut à un mandat, et la novation s'effectuera (L. 22, *h. tit.*).

2° L'*adstipulator*, tiers que je charge de stipuler de mon débiteur la même chose que moi, et qui pourra en exiger le paiement, sauf à m'en rendre compte par l'action de mandat que j'intenterai contre lui. Ici donc s'applique la loi 10 à notre titre, car l'*adstipulator* peut également recevoir le paiement et opérer novation (Gaïus, com. 3, §§ 110 et suiv.).

3° Les tuteurs et curateurs, car ils ont reçu de la loi mandat d'administrer le patrimoine de leurs pupilles : mais il faut que l'acte qu'ils font *novandi causa* soit favorable à ces derniers (L. 34, § 1, *h. tit.*).

Il nous reste à examiner une question fort controversée, celle de savoir si un *correus stipulandi* peut à lui seul faire novation de la créance commune, et si cette novation peut nuire à ses cocréanciers : sur cette matière, il y a deux textes opposés : la loi 31, § 1, *h. tit.* de Vénuléius, et la loi 27, *de Pactis*, de Paul.

Dans la loi 31, après avoir rappelé qu'un débiteur commun à deux créanciers est libéré envers tous deux par le paiement reçu ou l'acceptilation faite par un seul. Vénuléius décide que ce débiteur est également libéré à l'égard de tous deux par la novation résultant d'une stipulation intervenue entre lui et un seul d'entre eux. Il cite trois espèces différentes.

Dans la première, il suppose que l'un des *correi stipulandi* a donné mandat à son cocréancier de stipuler du promettant : dans ce cas, l'obligation corréale sera éteinte, même vis-à-vis de l'autre *correus stipulandi*.

La seconde hypothèse ressemble à la première : c'est une femme, cocréancière d'un tiers avec un autre *correus stipulandi*, et qui ordonne à ce débiteur commun de promettre en dot à son mari le fonds dû. Après cette promesse, l'obligation corréale n'existera plus, et le débiteur sera désormais tenu envers le mari. La seule différence entre ces deux hypothèses, c'est que, dans la seconde, la femme créancière a dû faire usage de la *dictio dotis*, au lieu que, dans la première, le *correus stipulandi* a simplement employé la *promissio*. Mais comme sous Justinien la *dictio dotis* n'existait plus, les compilateurs du Digeste ont maladroitement remplacé le mot de *dixerit* par celui de *promiserit*, avec lequel le texte n'aurait plus aucune portée, puisque l'auteur a voulu précisément montrer qu'en employant la *dotis dictio* dans les cas où elle est permise, on pouvait arriver au même résultat qu'avec la *promissio*, c'est-à-dire à l'extinction d'une obligation corréale au moyen de la novation.

Il en est de même pour la troisième espèce citée par Vénuléius, qui suppose que la femme, toujours cocréancière avec un autre individu, épouse le débiteur lui-même, et lui promet le fonds dû à titre de dot : comme précédemment, le débiteur sera libéré à l'égard des deux *correi stipulandi*. Ici encore, il est évident qu'il ne peut être question que de *dictio dotis;* car si le jurisconsulte avait véritablement mis le mot *promiserit*, il en résulterait qu'il aurait commis une erreur en décidant que le mari était libéré *ipso jure;* en effet, la femme ayant, par stipulation, promis à son débiteur ce que celui-ci lui doit, et la stipulation n'étant pas un mode d'extinction, il y a donc bien une nouvelle obligation de créée, mais non extinction de l'ancienne. Le débiteur poursuivi par la femme pourra bien, depuis Marc-Aurèle, lui opposer la compensation au moyen de l'exception de dot; mais l'obligation ne pourrait être ainsi éteinte vis-à-vis du second *correus*. Vénuléius a donc supposé une extinction *ipso jure*, qui ne peut résulter que d'une *dictio dotis;* car on voit dans plusieurs textes que la *dictio* remplaçait quelquefois l'acceptilation, quand on voulait libérer le débiteur, résultat qu'on n'aurait pu obtenir au moyen d'une *promissio*. (L. 77. *De jur. dot.* D. 23, 3.)

Vénuléius admet donc qu'un *correus stipulandi* peut à lui seul nover la créance commune, puisqu'il peut valablement éteindre la dette, soit en recevant un paiement, soit en faisant acceptilation (L. 13, § 12, *De accept.* D. 46, 4), soit en poursuivant le débiteur (L. 2, *De duob. reis.* D. 45, 2). *A fortiori*, peut-il simplement substituer une créance à une autre.

Tel n'est point, semble-t-il, l'avis de Paul dans la loi 27, *de Pactis* (D. 2, 14); il se demande si, quand deux *argentarii* se sont associés pour faire la banque, un débiteur de cette société peut opposer à l'*argentarius* qui le poursuit un pacte *de non petendo* que lui a consenti l'autre *argentarius*. Cette question, nous dit le jurisconsulte, était controversée; mais Nératius, Proculus, Atilicinus, et après eux Labéon, décident qu'il ne le peut pas, attendu que le seul pouvoir accordé à l'un des *argentarii socii* est de poursuivre le recouvrement de la créance entière, *tantum constitutum ut solidum alter petere possit*. Puis le texte ajoute : *Idemque in duobus reis stipulandi dicendum est*. Le débiteur pourra donc simplement repousser, au moyen du pacte, la demande du créancier qui le lui a consenti; mais pour l'autre *correus*, le débiteur continuera d'être obligé envers lui, car le pacte qu'il a passé avec le premier n'est pas opposable au second.

Ces deux lois paraissent évidemment opposées l'une à l'autre; on a proposé divers moyens de conciliation : les uns ont fait une distinction, et soutiennent que la loi 31 ne s'applique que quand les *correi stipulandi* ne sont pas *socii*; dans le cas contraire, c'est la loi 27 qui produira son effet. Nous ne pouvons admettre cette opinion, car la distinction qu'elle établit est arbitraire; les termes qu'emploie Vénuléius étant trop généraux pour faire croire à son existence.

Une autre explication, plus vraisemblable que la première, a été donnée. Labéon dit, dans la loi 27 : On voit souvent des personnes qui ont le droit de recevoir un paiement, sans avoir celui de nover; telles sont les personnes soumises à la puissance d'autrui, auxquelles on peut valablement payer ce qu'elles ont prêté, bien qu'elles ne puissent nover. C'est à ces personnes en général que s'applique, dans l'esprit du jurisconsulte, le mot *alium*. De ce que l'on peut recevoir un paiement, a raisonné Labéon, il ne s'ensuit pas qu'on puisse faire novation; il s'ensuit encore moins qu'on puisse faire un pacte *de non petendo*, puisque le pacte diffère du paiement bien plus que la novation :

par conséquent, on ne peut pas conclure qu'un des *argentarii* ait le droit de faire un pacte opposable à son *socius*, uniquement parce qu'il peut seul éteindre la créance commune en recevant le paiement. Après avoir cité ce raisonnement, Paul ajoute : « Il faut en dire autant des *correi stipulandi*, » c'est-à-dire que le pacte de remise fait par l'un d'eux n'est pas opposable aux autres. Mais il ne s'est pas occupé de la question de novation ; il n'a pas songé à décider si l'un des *argentarii* pouvait, ou non, nover la créance sociale ; par conséquent il n'a pas pensé non plus à traiter cette question vis-à-vis des *rei stipulandi* : il a seulement voulu établir qu'un *correus*, de même qu'un *argentarius socius*, ne pouvait pas faire un pacte *de non petendo* au préjudice de ses coassociés, bien qu'ayant le droit d'exiger la totalité de la dette.

Cette explication, plus ingénieuse que la première, nous semble pourtant forcée, car tel n'est point le sens naturel de la loi 27 ; le mot *alium*, on le voit bien, s'applique aux *argentarii*, et n'a point la signification générale qu'on lui donne dans cette interprétation. On a proposé encore plusieurs autres conciliations plus ou moins plausibles ; nous préférons nous ranger à l'opinion de Cujas, qui admet ici une antinomie, tout en décidant que l'opinion de Vénuléius est plus conforme aux principes : *multæ et magnæ rationes Venuleii nos perduxerunt in suam sententiam.* Il est, en effet singulier qu'un *correus* puisse éteindre le droit de ses cocréanciers par une acceptilation, sans pouvoir l'éteindre par la novation, qui, bien plus que l'acceptilation, ressemble au paiement.

CHAPITRE III.

DE L'INTENTION DE NOVER.

Il ne peut pas y avoir de novation sans intention de nover. Il suffit d'ouvrir le Digeste pour en être convaincu. Nous n'indiquerons pas, tant ils sont nombreux, les divers textes qui l'exigent ; nous nous bornerons à citer la loi 2 à notre titre : *Dummodo sciamus novationem ita demum fieri, si hoc agatur ut novetur obligatio ; ceterum, si hoc non agatur, duæ erunt obligationes.*

Il en ressort bien clairement que l'*animus novandi* était nécessaire pour faire novation ; car sans cela, il y aurait deux obligations dont l'une viendrait s'ajouter à l'autre. Plus tard, dans la loi 8 au Code à notre titre, Justinien a fait une innovation ; il avait remarqué que, pour des hypothèses qu'il désigne, les jurisconsultes anciens n'étaient pas d'accord ; que les uns trouvaient l'intention de nover où d'autres ne la trouvaient pas ; qu'il en résultait un défaut de doctrine qui tenait principalement à ce qu'ils cherchaient cette intention dans les termes de la stipulation, et que des interprétations différentes en étaient résultées. Alors il décida que désormais l'*animus novandi* devait être expressément déclaré : il n'en niait pas la nécessité ; au contraire, il la régularisait.

Nous venons de voir que l'intention de nover était une condition essentielle de la novation. Nous croyons en effet qu'elle en est l'âme, et que le droit romain l'a toujours exigée. C'est du reste l'opinion généralement reçue.

Cependant une opinion nouvelle s'est produite, qui nie le principe pour les temps antérieurs à Justinien, et prétend que du temps de Gaïus l'*animus novandi* n'était pas exigé.

Pour première preuve, on fait remarquer que si Justinien en parle, Gaïus n'en a point parlé. L'argument, fût-il exact en fait, n'en aurait pas plus de valeur. Il est probable que Gaïus, dans le peu qu'il a dit de la novation, n'a pas eu l'occasion de prononcer le mot ; mais nous verrons qu'il n'a pas nié ce qu'on nie aujourd'hui pour lui. Justinien, au contraire, était tenu d'en parler, puisque en ce point il modifiait l'état antérieur. Le silence de l'un ne prouve pas plus que le langage de l'autre.

Pour seconde preuve, on dit que la formule employée répondait à tout. Est-ce parce qu'on y trouvait la preuve de l'*animus novandi*? Non, peu importait, dit-on ; les formules étaient nombreuses ; si l'on avait choisi celle de la novation, la novation en résultait, *que les parties l'eussent, ou non, voulu* ; tant pis pour elles si elles avaient fait un mauvais choix, la formule les liait. Elle prouvait *l'intention de contracter* ; le législateur n'en demandait point davantage ; il ne s'inquiétait pas de l'intention de faire telle ou telle stipulation. Les parties pouvaient avoir nové sans en avoir la pensée ; même contre leur pensée. Mais, faute à elles, la formule était là. En d'autres termes, il pouvait arriver que les parties eussent nové malgré leur volonté.

Mais quoi ! Y avait-il donc une formule sacramentelle qui pût aboutir à cette étrange conséquence? Voyons. Qu'était une formule sous le droit romain, en fait de conventions? Au point de vue extérieur, c'était la forme destinée à les constater ; de même qu'aujourd'hui, l'acte privé, l'acte notarié, sont des formes pour l'expression des conventions.

Y en avait-il une spéciale à la novation, qui ne pût pas servir à autre chose? Non, on stipulait *verbis* ; mais ce mode de stipulation pouvait servir à toutes les conventions ; de même que notre acte notarié. En soi, une formule est lettre morte. Vainement on aurait dit: *Spondesne? Spondeo,* on n'aurait rien fait (L. 3, § 2, *De oblig. et act.* D. 44,7) ; il faudra savoir encore ce qu'on a voulu faire, et c'est là ce qui doit décider s'il y a, ou non, novation ; de même que l'acte notarié actuel ne dit pas tout seul si on a stipulé une vente ou un échange, et que, pour le savoir, on a besoin de consulter ses clauses.

Ce n'est donc pas la formule seule qui pouvait faire la novation, mais la stipulation à laquelle elle serait employée ; et c'est là que les partisans de la théorie nouvelle seraient obligés de consulter le fond de la stipulation, et non pas seulement sa forme : et dès lors, où serait la question ?

Que si par la formule on veut entendre l'ensemble de la stipulation, il n'en sera pas autrement, et l'*animus novandi* n'en sera pas moins exigé.

Si je stipule 100 de Primus, et 100 de Secundus ; il peut se présenter quatre hypothèses : Secundus pourra être en *adpromissor,* ou *correus,* ou débiteur indépendant de Primus, ou débiteur à la place de Primus. Quelle formule appliquerons-nous? Il en faudra une différente pour chaque espèce.

Mais qu'est-ce qui en fera la différence? C'est l'intention qu'auront eue les parties de produire tel ou tel résultat. C'est 'cette intention qui fera la formule ; et la formule à son tour fixera la position du second débiteur, et dira s'il y a, ou non, novation. Mais pour arriver là, qu'aura-t-il fallu? S'informer de l'intention des contractants, c'est-à-dire chercher l'*animus novandi*. Alors, au lieu de dire : *la formule de la novation*, on dirait *la formule de l'expromission, de l'adpromission*, etc.

Y aura-t-il place dans tout cela pour une novation *malgré les contractants?* Non, car la formule se modifiant selon leurs intentions, la novation n'existera que parce qu'ils l'auront voulue. Il n'y aura donc pas novation malgré leur volonté ; c'est leur volonté, au contraire, qui, en précisant la formule, décidera la question de novation. Il n'y a qu'un insensé qui, voulant se procurer un champ, stipulerait une maison. Or, on ne peut pas argumenter d'une insanité d'esprit qui ne produirait aucun engagement.

Faisons une assimilation, bien permise ici, avec notre droit nouveau : c'est comme si, dans un acte, les contractants qui veulent faire une vente disent qu'ils font une vente. On pourra dire de même que ce sera la *puissance de l'acte* qui déterminera à elle seule que l'on a fait une vente ; la prétendue *puissance de la formule* n'est pas autre chose.

Gaïus n'a rien dit de contraire. Il cite plusieurs hypothèses où il trouve une novation ; la cherche-t-il dans une formule unique? Non, car les espèces étant différentes, il n'a pu la voir que dans le fond des stipulations, dont chacune impliquait l'intention de nover. C'est parler de l'*animus novandi* sans le nommer.

Pour mieux nous éclairer sur l'état antérieur à Justinien, consultons la loi 8 au Code à notre titre. Mais avant d'en donner le texte, voyons-en le résumé dans les Institutes de Justinien (L. 3, t. 29, §. 3) : *Sed cum hoc quidem* INTER VETERES CONSTABAT, *tunc fieri novationem cum* NOVANDI ANIMO *in secundam obligationem itum fuerat ; per hoc autem dubium erat, quando novandi animo videretur hoc fieri, et quasdam de hoc præsumptiones alii in aliis casibus introducebant ; ideo nostra processit Constitutio, quæ apertissime definivit, tunc solum fieri novatio-*

nem, quoties hoc ipsum inter contrahentes EXPRESSUM *fuerit, quod propter novationem prioris obligationis convenerunt : alioquin manere et pristinam obligationem, et secundam ei accedere, ut maneat ex utraque causa obligatio.*

Il est impossible de mieux exprimer que l'*animus novandi* était exigé par les anciens jurisconsultes, puisque les divergences portaient précisément là-dessus, les uns voyant l'*animus novandi* où d'autres ne le voyaient pas.

Après ce texte des Institutes, il n'est pas inutile de citer celui de la loi 8 au Code ; il porte : *Novationum nocentia corrigentes volumina et* VETERIS JURIS *ambiguitates resecantes, sancimus : si quis vel aliam personam adhibuerit, vel mutaverit, vel pignus acceperit, vel quantitatem augendam, vel minuendam esse crediderit, vel conditionem seu tempus addiderit vel detraxerit, vel cautionem minorem acceperit, vel aliquid fecerit ex quo* VETERIS JURIS *conditores introducebant novationes ; nihil penitus prioris cautelæ innovari, sed anteriora stare, et posteriora incrementum illis accedere, nisi ipsi specialiter remiserint quidem priorem obligationem, et hoc expresserint quod secundam magis pro anterioribus elegerint.*

En même temps que cette loi confirme ce que nous avons dit des Institutes, il en résulte une circonstance importante. C'est que des jurisconsultes anciens, *veteres*, voyaient une novation dans ces nombreuses hypothèses, uniquement parce qu'ils y voyaient l'*animus novandi*, et que si d'autres contestaient, c'est parce qu'ils ne le trouvaient pas ; mais les uns comme les autres en admettaient la nécessité.

Nous pouvons ajouter deux textes de Celse, où l'*animus novandi* est exigé pour la novation. C'est d'abord la loi 8, § 2 à notre titre : *Ait Celsus,* dit Ulpien, *novationem fieri, si modo id actum sit ut novetur.* Ensuite la loi 26 au même titre : *Nam alioquin utrumque stipulatus videretur, et utrumque novatum, si novandi animo hoc fiat.* Or, Celse était antérieur à Gaïus.

Disons enfin que s'il eût existé une formule absolue, il n'y aurait eu aucun désaccord entre les interprètes, mais le désaccord se comprend quand il s'agit d'extraire d'une stipulation une volonté.

Il n'est donc pas douteux qu'avant Justinien comme depuis, l'*animus novandi* était une condition essentielle de la novation. N'oublions pas d'ailleurs que le Digeste n'est que le recueil des textes des anciens jurisconsultes et qu'il parle de l'*animus novandi* dans une foule de lois.

CHAPITRE IV.
DE L'OBLIGATION QUI PEUT ÊTRE NOVÉE.

Pour que la novation puisse s'opérer, il faut qu'il y ait une ou plusieurs obligations préexistantes.

Si cependant une stipulation a été faite pour nover une créance susceptible d'être paralysée par une exception, la novation ne pourra s'accomplir que si l'exception est temporaire, ou si étant perpétuelle, elle détruit l'élément civil, mais non l'élément naturel. Ainsi, l'obligation contractée par un fils de famille au mépris du sénatus-consulte Macédonien peut être novée, au lieu que celle contractée par une femme contrairement au sénatus-consulte Velléien ne le peut pas, parce que la première exception laisse subsister le lien naturel que détruit la seconde (L. 40, pr., *De condict. indeb.* D. 12, 6); et nous verrons tout à l'heure qu'une obligation naturelle peut servir de base à la novation.

Plusieurs obligations peuvent être novées par une seule stipulation. Ainsi la novation libère Primus et Secundus, malgré la dissemblance des causes de leurs obligations, quand je stipule de la sorte : *Quod Titium et Seium mihi dare oportet, id dari spondes?* Leur double obligation vient se réunir sur la personne unique du dernier promettant (L. 34, § 2, *h. tit*).

L'obligation qu'on veut nover peut être civile ou prétorienne, ou même simplement naturelle : *Utrum naturalis, an civilis, an honoraria*, dit Ulpien (L. 1, § 1, *h. tit.*). Ainsi l'esclave qui s'oblige envers son maître, le fils qui s'oblige envers son père, contractent une obligation naturelle; après l'affranchissement, ou quand le fils sera *sui juris*, cette obligation pourra valablement être novée. Elle pourra même l'être avant; seulement, pour

celle de l'esclave, il faut supposer qu'un tiers vient prendre la
dette à sa charge ; car, ainsi que nous le verrons, la novation
ne peut pas s'effectuer au moyen de la promesse faite par
un esclave. Au contraire, le fils, même encore en puissance,
peut promettre *novandi causa* ce qu'il doit à son père ; car il
peut, à la différence de l'esclave, s'obliger comme *promissor*
dans une stipulation ; cette nouvelle obligation serait, il est vrai,
naturelle ; mais peu importe ; car nous verrons plus tard que
la novation peut s'effectuer au moyen d'une simple obligation
naturelle. Seulement, cette opération n'aurait pas grand intérêt,
car la situation du père et du fils ne serait en rien changée.

De même, le maître peut s'obliger envers son esclave et nover
cette obligation après l'affranchissement. Mais pendant l'escla-
vage, la novation ne pourra s'opérer que si le maître promet à
un tiers, du consentement de l'esclave, ce qu'il doit à celui-ci.
Sans cela, ce serait impossible ; car la stipulation faite par
l'esclave étant censée faite par le maître, et lui profitant, la
créance qui en résulterait serait donc acquise au maître, ce qui
est absurde. Il en est de même pour le père qui s'est obligé
envers son fils et qui veut nover cette obligation.

La première obligation peut donc n'être que naturelle ; en
effet, bien que n'ayant point d'action, elle produit néanmoins des
effets fort importants ; ainsi, elle suffit pour faire refuser la *condictio indebiti* à celui qui, étant obligé naturellement, a payé ;
de plus, on peut la faire valoir par le moyen des exceptions, la
faire entrer en compensation ; elle peut servir de base à des contrats accessoires, tels que la fidéjussion, le pacte de constitut, la
constitution de gage ou d'hypothèque, et enfin la novation.

L'obligation peut être pure et simple, et, dans ce cas, nous
n'avons rien à dire, car la novation s'opère immédiatement. Mais
elle peut être affectée d'une modalité, d'un terme ou d'une condition.

Si elle est à terme, la novation a lieu dès à présent, avant
l'arrivée du terme ; car son existence est certaine.

Si elle est conditionnelle, la novation sera conditionnelle aussi,
et ne pourra point s'opérer tant que la condition ne sera pas

accomplie ; jusque-là, l'existence de la première obligation est incertaine et la novation manque de base. C'est donc à cette époque seulement que naîtra l'obligation primitive, mais elle sera éteinte au moment même de sa naissance par la seconde obligation, qui lui sera immédiatement substituée. Si la condition vient à défaillir, la première obligation n'ayant jamais existé, il n'y a pas de cause à la seconde obligation, et il ne peut pas être question de novation.

Mais pour que la novation puisse s'opérer, il faut que les parties soient capables au moment où s'accomplit la condition. En effet, Marcellus nous dit (L. 14, § 1, *h. tit.*) que si le débiteur est déporté *pendente conditione*, la novation n'aura pas lieu malgré l'arrivée de la condition, parce qu'il manque un des éléments essentiels à sa formation. En effet, la déportation renferme une *media capitis deminutio*, qui ne laisse même pas subsister une obligation naturelle, car elle entraîne une confiscation (L. 1, *De bonis damnat.* D. 48, 20); or, il serait injuste de laisser le débiteur dans les liens d'une obligation, alors qu'il est privé de ses biens, *exutus bonis*. A plus forte raison en est-il de même quand le débiteur subit une *maxima capitis deminutio;* car elle lui fait perdre, non-seulement ses biens, mais encore toute personnalité juridique.

Quant à la *minima capitis deminutio*, elle n'entraîne pas la confiscation ; on comprend donc que ceux qui l'ont encourue soient toujours tenus naturellement. Gaïus le dit dans son commentaire 3, § 84; et il ajoute que le préteur donnait contre eux une action utile *rescissa capitis deminutione*, basée sur l'hypothèse fictive que la *minima capitis deminutio* n'avait pas eu lieu. Comme ce changement d'état laisse subsister une obligation naturelle, il s'ensuit que la novation peut parfaitement s'opérer si la condition s'accomplit après.

Mais la mort de l'une des parties, survenue après la stipulation et avant l'accomplissement de la condition n'empêcherait pas la novation de s'accomplir, car le patrimoine n'est jamais sans représentant : c'est ce que nous dit la loi 24 *in fine* à notre titre : *Hic enim morte promissoris non extinguitur stipulatio, sed transit ad heredem cujus personam interim hereditas sustinet.*

Les derniers mots de cette loi 24 ont donné lieu à une difficulté : ils disent, en effet, que l'hérédité *sustinet personam heredis ;* tandis que les Institutes (Liv. 2, t. 14, § 2) posent comme règle que *nundum adita hereditas personæ vicem sustinet, non heredis futuri, sed defuncti.* Mais ces deux textes peuvent se concilier en faisant à la loi 24 une correction autorisée par la Vulgate ; on y voit, en effet, le mot *illius* placé immédiatement avant le mot *cujus ;* ce qui donne un tout autre sens à la phrase et met le texte en harmonie avec les autres : *Stipulatio transit ad heredem illius cujus personam interim hereditas sustinet.*

Mais la loi 54, *De acquir. vel omitt. hered.* (D. 29, 2), semble venir à l'appui de l'opinion contraire, en disant : *Heres quandoque, adeundo hereditatem, jam tunc a morte successisse defuncto intelligitur.* L'adition de l'hérédité ayant un effet rétroactif, il en résulterait que l'hérédité ne représente pas la personne du défunt, mais celle de l'héritier. Ici encore, nous adopterons l'interprétation la plus généralement suivie : on ne peut pas, comme pour la loi 24, y faire une correction ; mais on peut l'expliquer comme présentant une dérogation au principe général. En effet, les Institutes (Liv. 3, t. 17, pr.) nous disent que l'esclave héréditaire, en stipulant, acquiert le bénéfice de sa stipulation à l'hérédité jacente dont il fait partie, parce que *hereditas in plerisque personæ defuncti vicem sustinet ;* ces mots *in plerisque* indiquent des exceptions. Ces exceptions ont lieu dans plusieurs cas, et notamment dans celui où l'esclave héréditaire stipule pour son maître futur. On avait admis la rétroactivité de l'adition, afin de permettre à l'héritier de profiter de la stipulation de l'esclave. C'est l'hypothèse de la loi 54, que les compilateurs ont donnée par inadvertance comme une règle générale ; et la preuve qu'il s'agit dans cette loi d'un cas exceptionnel, c'est que Florentinus, à qui elle est empruntée, pose lui-même le véritable principe dans la loi 116, § 3, *De leg.* (D. 30, 1) : *Hereditas personæ defuncti qui eam reliquit, vice fungitur.*

Il faut aussi, pour que l'obligation conditionnelle puisse être novée, que son objet n'ait pas péri *pendente conditione ;* car la première obligation n'aurait pas pu prendre naissance faute d'objet, et, dès lors, pas de novation possible. Si cependant l'objet a péri par la faute du débiteur, la novation pourra s'effectuer, car l'obligation n'est pas éteinte faute d'objet, les dommages-intérêts ayant pris la place de la chose périe (L. 23, *De verb. oblig.* D. 45, 1).

On peut nover même une obligation future; la loi 8, § 2, de notre titre, nous en fournit un exemple : je fais promettre à Primus ce que je stipulerai de Secundus ; dès le moment de sa naissance, l'obligation de Secundus est novée par celle de Primus, si les parties l'ont ainsi voulu ; l'obligation destinée à nover est donc la première en date, et celle qui est novée, la seconde ; c'est-à-dire que l'ordre naturel des obligations est interverti.

Mais, pour que l'obligation future fût ainsi novée, la volonté des contractants devait être certaine ; aussi Celse, et après lui Ulpien, nous disent, comme exemple, qu'il faut se garder de croire à la novation de l'action *judicati* par la caution *judicatum solvi ;* car le créancier a entendu simplement recevoir des garanties, et non libérer le débiteur.

CHAPITRE V.

DE L'OBLIGATION QUI REMPLACE LA PREMIÈRE

Pour qu'une obligation soit novée, il faut : 1° une seconde obligation qui éteigne la première ; et 2° que cette nouvelle obligation diffère de la précédente.

Nous examinerons successivement ce que doit être cette nouvelle obligation, et sous quels rapports elle peut différer de la première.

SECTION Ire.
Conditions de l'obligation nouvelle.

Il faut d'abord que la nouvelle obligation résulte d'un contrat ayant par lui-même puissance d'opérer novation ; c'est-à-dire, nous l'avons vu, d'une stipulation, du moins dans le dernier état du droit.

De plus, il faut que de ce contrat il résulte une obligation, ou civile, ou du moins naturelle.

L'obligation civile peut être nulle *ipso jure;* alors, pas de novation possible. Elle peut être paralysée par une exception; auquel cas elle opère, ou non, novation, selon que l'exception est, ou non, temporaire; elle l'opère aussi quand l'exception, étant perpétuelle, détruit l'élément civil, mais non l'élément naturel, comme nous l'avons vu pour la première obligation.

La seconde obligation peut être naturelle, comme nous le dit Ulpien (L. 1, § 1, *h. tit.*) : *Dummodo sequens obligatio aut civiliter teneat, aut naturaliter; utputa si pupillus sine tutoris auctoritate promiserit.* Toutefois, relativement à l'exemple choisi par le jurisconsulte, la question de savoir si le pupille en promettant *sine tutoris auctoritate* contracte, ou non, une obligation naturelle, est fort controversée. Nous adoptons l'affirmative, qui, du reste, est généralement admise, et disons qu'une telle obligation est suffisante pour opérer novation.

Le paragraphe 3, *quib. mod. toll. obl.*, liv. III, aux Institutes, après avoir dit que la novation pouvait résulter de la promesse faite par un pupille non autorisé, ajoute qu'il n'en serait pas ainsi pour celle contractée par un esclave. Cependant l'esclave s'oblige naturellement (L. 14, *De oblig. et act.* D. 44, 7); sa promesse pèut être garantie par fidéjusseur (Inst. 3, t. 20 § 1. — Gaïus, com. 3, § 119); il peut être libéré par acceptilation (L. 8, § 4, *De accept.* D. 46, 4). Pourquoi donc ne peut-il pas faire une novation, quand il se porte *expromissor* pour libérer quelqu'un? C'est que la promesse de l'esclave ne vaut pas à titre d'obligation *verbis;* elle n'a donc pas l'efficacité suffisante pour nover. C'est bien ce que nous dit Gaïus, qui assimile ce cas à celui du pérégrin avec lequel on voudrait nover en employant la formule réservée aux seuls citoyens romains, *spondesne? spondeo.*

De plus, l'esclave, à la différence du pupille, n'a pas de capacité civile : il ne peut stipuler que *ex persona domini;* mais il ne peut jamais promettre, car il ne peut pas rendre son maître débiteur. Donc, pas de novation possible.

Servius Sulpicius cependant admettait comme valable la nova-tion faite par l'esclave. Mais Gaïus le contredit avec raison : *alio jure utimur*, dit-il (com. 3, § 179, *in fine*). — Toutefois, dit encore Gaïus, dans la loi 30, § 1, *de Pactis* (D. 2, 14), si en stipulant de l'esclave j'ai acquis quelque chose, par exemple l'action *de peculio* contre son maître, le débiteur primitif pourra paralyser mon action au moyen de l'exception *pacti conventi* ou *doli mali;* il ne le pourra pas si je n'ai rien acquis.

SECTION II.

Sous quels rapports la nouvelle obligation peut différer de la première.

Pour nover une première obligation, il ne suffit pas de la formation d'une seconde; il faut que cette nouvelle obligation diffère en quelque chose de la précédente.

Cet *aliquid novi* peut porter : 1° sur les sujets de l'obligation, créancier ou débiteur; 2° sur sa cause génératrice; 3° sur ses modalités; 4° sur les sûretés qui la garantissent; 5° sur l'objet de l'obligation.

Nous allons examiner successivement chacune de ces hypo-thèses.

§ 1. – Changement de sujet.

L'*aliquid novi*, avons-nous dit, peut consister en un change-ment de débiteur ou de créancier.

La novation qui se fait par l'intervention d'un nouveau débi-teur peut se faire entre le créancier et ce nouveau débiteur, sans que le premier, dont la dette doit s'éteindre par la novation, y ait aucune part, et même sans qu'il y consente. *Liberat me is qui quod debeo promittit, etiamsi nolim.* (L. 8, § 5, *h. tit.*) La raison en est que la novation, à l'égard du premier débiteur, renferme l'acquittement de sa dette par la nouvelle que le tiers contracte en sa place; or, on peut acquitter la dette d'une autre personne sans qu'elle y consente.

Ce mode de novation s'appelle *expromission;* il diffère du paie-ment, en ce qu'il exige le consentement du créancier, tandis que, pour le paiement, on n'en a pas besoin. Cette différence s'explique aisément : en effet, le créancier n'a pas intérêt à recevoir le paiement de sa créance d'une personne plutôt que d'une autre; tandis que l'expromission pouvant, à une créance garantie par des sûretés, ou à un débiteur solvable, substituer une créance douteuse, un débiteur insolvable, ne saurait, sans injustice, être imposée au créancier; car *nemo potest alienam conditionem inviti et ignorantis facere deteriorem.* (L. 39, *De neg. gest.* D. 3, 5.)

Celui qui se rend ainsi débiteur à la place d'un autre, qui est par là même déchargé, s'appelle *expromissor*. Il est très-différent de la caution, qu'on appelle *adpromissor ;* car celui qui se rend caution pour quelqu'un ne le décharge pas de son obligation, mais il y accède, et se rend débiteur conjointement avec lui.

L'expromission est généralement faite dans l'intérêt du débiteur; c'est souvent un moyen détourné pour les créanciers de remettre leurs dettes aux débiteurs qui s'y refusent; le créancier stipule d'un tiers, soit-disant pour nover, puis le libérera par acceptilation. (L. 91, *De solut.* D. 46, 3.) Mais il ne faut pas que le tiers, qui joue ici un rôle de pure complaisance, puisse plus tard être poursuivi par le créancier, revenu de sa générosité; si, manquant à ses conventions avec lui, celui-ci ne l'a pas libéré, et qu'il le poursuive, il sera repoussé par l'exception de dol.

L'*expromissor* peut promettre, à terme ou sous condition, ce que le débiteur devait purement et simplement; si la condition vient à défaillir, la première obligation subsiste, et le débiteur primitif pourra être poursuivi.

L'expromission éteint la dette du débiteur primitif au moyen du contrat intervenu entre le nouveau débiteur et le créancier, contrat qui règle les rapports entre ces deux parties. Mais les rapports entre l'ancien et le nouveau débiteur ne sont pas soumis à des règles uniformes ; il faut soigneusement rechercher si l'ancien débiteur a donné son adhésion à l'engagement du nouveau. L'*expromissor* a-t-il agi *sciente debitore*, au vu et su du débiteur : il sera considéré comme son mandataire (L. 6, § 2, *Mandati.* D. 17, 1), et pourra intenter contre lui, pour se faire restituer ce qu'il aura payé, l'action *mandati contraria*. A-t-il agi à l'insu du débiteur, et que l'utilité de la novation soit reconnue, il pourra recouvrer ses déboursés par l'action *negotiorum gestorum contraria;* il l'aura, alors même que le débiteur serait un *furiosus*, ou une hérédité jacente (LL. 21, § 1, et 3, § 5, *De neg. gest.* D. 3, 5), ou un pupille; mais seulement, dans ce dernier cas, l'action n'est donnée contre le pupille que *quatenus locupletior factus est;* et pour savoir de combien il s'est enrichi, on se place au temps de la *litis contestatio*. (L. 37, pr. *cod. tit.*)

Enfin, si l'*expromissor* s'est obligé malgré la volonté du débiteur, quel recours aura-t-il? Il y avait controverse dans l'ancien droit : les uns lui accordaient l'action *negotiorum gestorum contraria;* les autres lui refusaient toute action. Justinien a mis fin à cette difficulté par la loi 24, *De neg. gest.* (C. 2, 19), qui décide qu'aucun recours ne sera ouvert à celui qui a géré malgré la défense du maître, si toutefois cette défense lui a été notifiée; car, dans le cas contraire, cette loi lui accorde le remboursement de ses avances.

La novation par changement de débiteur peut également s'opérer par délégation. Tandis que, pour l'expromission, il suffit du consentement du créancier et du nouveau débiteur, il faut, en outre, pour la délégation, le consentement du débiteur primitif. L'ancien débiteur, pour s'acquitter envers son créancier, lui donne une tierce personne qui s'oblige à sa place envers ce créancier, ou envers la personne que ce dernier indique.

C'est également au moyen de la délégation que s'opérait la novation par changement de créancier; mais comme la délégation est une espèce de novation soumise à des règles qui lui sont particulières, nous consacrerons à cette matière la seconde partie de ce travail, dans laquelle nous parlerons des formes de la délégation et des effets qu'elle produit.

§ 2. — Changement dans la cause de l'obligation.

L'*aliquid novi* peut simplement consister dans une cause différente, quand le fait générateur de la seconde obligation n'est pas de la même nature que celui qui a produit la première. Ainsi la cause de la première peut être une vente ou un *mutuum :* et celle de la seconde, une stipulation ; et ce que vous me deviez précédemment, à titre de vente ou de *mutuum,* vous me le devrez désormais à titre de stipulation.

Ce genre de novation était fort usité à Rome, car il offrait de nombreux avantages. D'abord, en transformant ainsi en stipulation une autre obligation préexistante, la preuve en devenait beaucoup plus facile pour le créancier. Si le premier contrat était, par exemple, un *mutuum,* le créancier qui en demandait l'exécution devait prouver le fait du *mutuum,* et la numération des espèces, preuve souvent très-compliquée. Mais s'il novait l'obligation résultant de ce *mutuum* par une stipulation, il lui suffisait de prouver le simple fait de la stipulation, preuve beaucoup plus facile que la première.

De plus, le premier contrat pouvait être un contrat de bonne foi, qui n'était sanctionné que par une action *bonæ fidei,* donnée *quantum æquius melius,* et portée devant un *arbiter ;* tandis que le second, étant un contrat verbal ou *litteris,* était nécessairement de droit strict, et sanctionné par une action *stricti juris,* beaucoup plus énergique que celle *bonæ fidei,* et que l'on soumettait à un *judex.* Il en résultait de nombreuses différences, portant principalement sur les intérêts à exiger, sur la manière d'intenter l'action de dol, et sur la nature des fautes dont était tenu le débiteur. Mais quand le contrat primitif était lui-même de droit strict, les différences que nous venons de signaler n'existaient plus.

La novation par changement de cause offrait encore d'autres avantages. Un créancier voulait-il faire remise à son débiteur de la dette qu'il avait contractée envers lui par suite d'un *mutuum,* il remplaçait ce contrat par une stipulation, et éteignait la dette au moyen de l'acceptilation. En outre, le créancier pouvait encore avoir intérêt dans l'ancien droit à transformer en une obligation verbale une première obligation qui ne l'était pas ; car celle-ci pouvait seule être cautionnée par un *sponsor* ou un *fidepromissor,* tandis que les autres ne jouissaient pas de ce privilége.

§ 3. — Changement par modalités.

L'adjonction ou la suppression d'un terme ou d'une condition suffit pour opérer novation. Envisageons successivement chacune de ces hypothèses.

I. — Un terme ajouté à une obligation pure et simple la transforme en une obligation à terme, et recule l'époque de l'échéance.

Mais un terme peut être établi en vertu d'un pacte. Je suppose que je vous doive 100, et que nous convenions, par un simple pacte, que vous ne m'en demanderez pas le paiement avant deux ans. Si vous agissez avant ce délai, je vous repousserai par l'exception de pacte. Le résultat semble donc le même que si nous nous étions servis d'une stipulation. Et cependant la novation ne s'opérera pas dans ce cas. Le pacte produit son effet *exceptionis ope*, et pour le faire valoir, il faut nécessairement l'insérer dans la formule ; la première obligation continuant d'exister *ipso jure* sera éteinte en vertu de l'exception tirée du pacte. La novation, au contraire, éteint de plein droit et immédiatement la première obligation ; il n'y a pas d'exception à insérer dans la formule ; un tel résultat ne saurait donc être atteint au moyen du pacte *de non petendo,* qui, par conséquent, n'est pas suffisant pour opérer novation.

Une terme retranché d'une obligation la transforme en une obligation pure et simple. L'échéance se trouve ainsi avancée, et le créancier peut agir dès à présent contre le débiteur. Ici encore, nous nous demanderons, comme dans l'hypothèse précédente, si un simple pacte peut conduire au même résultat.

La question de savoir si le *constitut,* pacte prétorien par lequel le débiteur ou un tiers indique un jour pour payer une dette déjà existante, suffit pour opérer novation, peut donner lieu à controverse ; nous ne croyons pas que la novation puisse avoir lieu, bien que le droit prétorien ait sanctionné ce pacte par l'action *de constituta pecunia*, qui manquait au créancier en vertu du droit civil, et qui lui permet, dans notre hypothèse, de poursuivre en justice l'exécution de l'obligation avant le terme ; car cette condition ne suffit pas : il faut un mode déterminé par la loi pour opérer novation ; et le pacte, même muni d'une action, n'en est pas un. La novation est un acte essentiellement propre au droit civil ; dès lors elle ne peut s'accomplir qu'à l'aide d'une forme d'engagement puisé dans ce droit même. Le pacte de constitut n'opérera donc pas novation.

Mais, à supposer même que ce pacte eût pour effet de nover en supprimant le terme, il ne peut s'appliquer qu'aux choses *quæ pondere, numero mensurave constant*. Pour tout autre objet, un pacte peut-il enlever le bénéfice du terme fixé? Il faut, croyons-nous, faire une distinction. Le pacte a-t-il été fait dans le but de supprimer un terme établi précédemment en vertu d'un contrat, et empêchant *ipso jure* l'exercice immédiat de l'action, il ne servira de rien, car il ne peut engendrer aucune action. Vient-il, au contraire, anéantir un pacte précédent qui avait établi le terme, *prius pactum per posterius eliditur* (L. 27, § 2, *De pact.*) : le premier pacte cessera d'exister, et le bénéfice du terme avec lui ; le créancier pourra donc agir immédiatement, et si le débiteur lui oppose le premier pacte, le créancier répondra par une réplique de dol. — Du reste, dans aucun cas, la novation ne pourra s'effectuer, car, nous l'avons vu, un pacte est toujours insuffisant pour cela.

II. — L'addition ou la suppression d'une condition suffisent, avons-nous dit, pour nover une créance. Laissant de côté le cas de suppression d'une condition, sur lequel nous nous sommes étendu suffisamment dans le chapitre précédent, nous n'envisagerons que le cas d'addition.

Une stipulation conditionnelle n'opère pas immédiatement novation, mais seulement quand la condition se réalise : *non statim fit novatio, sed tunc demum, cum conditio extiterit* (L. 14, pr. *h. tit.*). Dans le cas où la condition vient à défaillir, la novation ne s'étant pas opérée, la première obligation continuera à subsister.

Cette décision, bien que conforme aux principes rigoureux du droit, devait souvent contrarier l'intention des parties ; car elles semblaient bien avoir voulu remplacer dès à présent la première obligation par une seconde conditionnelle. Aussi Servius Sulpi-

cius pensait-il que la première obligation était immédiatement
novée par la seconde conditionnelle (Gaïus, com. 3, § 179) ; suivant lui, on échangeait à ce moment le produit certain que l'on
devait retirer de la première contre la chance éventuelle d'être
payé en vertu de la seconde. Son opinion était très-raisonnable
en certains cas : si, par exemple, le créancier, après avoir stipulé 100 purement, stipule 500 sous condition, les parties ont
vraisemblablement voulu faire un contrat aléatoire, et la novation
devrait être immédiate. Mais cette opinion, quelque raisonnable
qu'elle paraisse, ne saurait être admise, car il ne suffit pas de
l'intention des parties pour opérer novation immédiate ; il faudrait
également que, la première obligation se trouvant éteinte par
la seconde, celle-ci vînt immédiatement prendre la place de
l'autre. Or, ce résultat ne peut pas se produire, puisque la seconde obligation, étant conditionnelle, n'a pas encore d'existence
réelle ; elle n'existe qu'en germe, et ne peut donc pas opérer dès
à présent novation.

Mais Gaïus, tout en repoussant l'opinion de Sulpicius, corri-
geait cependant la rigueur des principes par l'équité ; il se demandait si on ne devait pas arriver par un détour à ce même
résultat, c'est-à-dire s'il ne convenait pas, une fois la condition
défaillie, de donner au débiteur l'exception *doli* ou *pacti conventi*,
à l'aide de laquelle il pouvait repousser le créancier cherchant à
agir en vertu de la première obligation ; car, ajoute-t-il, il semble qu'il a été convenu entre les parties que la chose ne serait
demandée qu'autant que la condition de la seconde stipulation
s'accomplirait. — Mais quand la stipulation conditionnelle est
faite avec un autre débiteur, Gaïus n'hésite pas à refuser l'exception de pacte (L. 30, § 2, *De pact.*) ; car, dans cette hypothèse,
l'intention des parties est évidemment de n'éteindre la première
obligation que si la seconde prenait naissance. Il n'y a donc pas
contradiction entre ces deux textes.

Tout ce que nous venons de dire de la novation opérée par
une stipulation conditionnelle doit être suivi, que la condition
soit explicite ou implicite ; ainsi la promesse d'une dot est soumise à une condition implicite : la stipulation, pure en la forme,

est faite sous la condition qu'il y aura mariage; car pas de mariage, pas de dot.

La condition peut également être prépostère; c'est celle dans laquelle on fixe pour le paiement un terme antérieur à l'accomplissement de la condition; nulle avant Justinien, elle fut validée par lui; mais le paiement ne pouvait être demandé qu'après l'accomplissement de la condition.

Mais, dans tous les cas, il faut que ce soit une condition véritable. Ainsi la promesse subordonnée à un événement futur et certain n'est pas conditionnelle; elle est à terme incertain. Dans cette hypothèse, on appliquera les règles de l'obligation à terme certain; la novation sera immédiate, mais le débiteur ne pourra être poursuivi avant l'arrivée de l'événement.

La stipulation ne sera pas non plus conditionnelle si elle est faite sous une condition impossible; par exemple, *si in cœlum non ascenderit* (L. 7, *De verb. oblig.* D. 45, 1); ou en se référant à un événement déjà accompli ou s'accomplissant actuellement (Inst., liv, III, t. 15, § 6). Dans ces cas, il n'y a réellement pas de condition; la stipulation sera pure et simple, et la novation s'effectuera immédiatement.

Une fois accomplie, la condition ayant un effet rétroactif, est réputée avoir existé dès le moment de la stipulation faite *novationis causa*, et la novation est censée s'être opérée dès l'instant même de cette stipulation. Ainsi la loi 56, § 8, *De verb. oblig.*, suppose que je stipule sous condition de Séius la somme que Titius me doit purement et simplement; *pendente conditione*, je fais acceptilation à Titius: son obligation est donc éteinte; si la condition vient ensuite à s'accomplir, la novation aura-t-elle lieu? Oui, car bien que la première obligation soit éteinte au moment de l'événement de la condition, elle existait encore au moment où est intervenue la seconde stipulation, et c'est à cette époque qu'à raison de la rétroactivité de la condition, il faut se placer pour rechercher si les éléments nécessaires à la novation se trouvaient réunis; et comme lors de l'événement de la condition les sujets et la chose promise existaient encore, il s'ensuit que la novation peut s'opérer.

§ IV. — Changement par les sûretés de la dette.

L'*aliquid novi* peut également consister dans l'adjonction ou la suppression d'un fidéjusseur : *si fidejussor adjiciatur aut detrahatur* (Inst., liv. III, t. 29, § 3).

Cependant plusieurs auteurs nient que la novation puisse ainsi s'opérer, quand même les parties en auraient clairement manifesté l'intention ; car, disent-ils, ce paragraphe a été maladroitement copié dans Gaïus, où il s'agissait d'un *sponsor* (Com. 3, §§177 et 178) ; Justinien y a substitué le mot de *fidejussor ;* et la novation qui pouvait s'effectuer au moyen d'un *sponsor,* ne le peut pas avec un *fidejussor.* En effet, le *sponsor* ne peut accéder à l'obligation principale qu'au moment où elle se forme. Donc, si l'on veut, postérieurement à la création de l'obligation, faire intervenir un *sponsor,* il faut tout recommencer et faire un nouveau contrat verbal, ce qui n'est pas nécessaire pour le *fidejussor.*

Cette opinion n'est pas admissible ; car il n'est pas nécessaire que le *sponsor* s'oblige au moment même de l'obligation principale. En effet, le paragraphe 123, com. 3, de Gaïus, nous dit que celui qui reçoit des *sponsores* doit annoncer à l'avance pour quelle affaire il se fait donner caution, et combien de *sponsores* il veut recevoir, afin que ceux-ci sachent quels sont ceux qu'ils pourront poursuivre ; et si l'un paie seul toute la dette, quelle est leur part contributoire en vertu de la loi Apuléia. A défaut de cette *prædictio,* ils peuvent, dans les trente jours, exiger leur libération. Or, à quoi servirait cette *prædictio* à haute voix si les *sponsores* doivent forcément se voir et se compter eux-mêmes au moment du contrat ? Et comment supposer inutile une formalité si fortement exigée ? — Ce système est donc insoutenable, et nous croyons que les *sponsores* pouvaient, comme les *fidejussores,* s'engager même après le contrat principal.

De plus, Justinien, dans la loi 8, C. *h. tit.,* dit que l'adjonction d'un gage ou d'une hypothèque constitue l'*aliquid novi* destiné à nover. Or, le *pignus* peut, comme un *fidejussor,* accéder à une obligation déjà formée ; la novation résultera donc de l'adjonction d'un *fidejussor,* qui, comme le *pignus,* est une sûreté de la dette.

Mais, dit-on encore, l'adjonction d'un *sponsor* entraînait une aggravation de dette que n'occasionnait point celle d'un *fidejussor*. Le débiteur cautionné par un *sponsor* se trouvait exposé à l'action *depensi*, en vertu de laquelle le *sponsor* qui avait payé la dette pouvait recourir contre le débiteur, et obtenir une condamnation au double, si ce dernier contestait sa prétention (Gaïus, com. 3, § 127). De plus, le *sponsor* avait encore une faveur spéciale : il pouvait sans jugement procéder à la *manus injectio* contre son débiteur, dans les six mois à partir du moment où il avait payé pour lui. Cette aggravation dans la dette constituait, soutient-on, l'*aliquid novi* nécessaire à la novation ; au lieu que l'adjonction d'un *fidejussor*, ne produisant pas de pareils résultats, était insuffisante pour nover.

Nous répondrons à ce système que ce changement dans la dette n'existe pas dans les rapports du créancier avec le débiteur ; l'action *depensi* et la *manus inejctio* modifient bien les rapports particuliers du *sponsor* et du débiteur, mais ne changent rien à la dette ni à l'obligation principale ; il ne peut donc pas en résulter l'*aliquid novi* qui opérera novation par l'adjonction d'un *sponsor*.

Enfin, si Justinien s'était trompé et avait mis par inadvertance *fidejussor* au lieu de *sponsor*, il en résulterait une différence fort importante entre ces deux espèces de cautions ; l'adjonction de l'une opérerait novation, et non celle de l'autre. Or Gaïus, qui nous a énuméré les différences entre le *sponsor* et le *fidejussor*, nous aurait certainement parlé de celle-ci, si elle eût existé ; ce qu'il n'a pas fait (Com, 3, §§ 118 à 122).

L'adjonction d'un fidéjusseur opère donc novation ; il en est de même de la suppression : *si fidejussor detrahatur*.

La loi 8 au Code à notre titre porte que la novation aura également lieu si le créancier *cautionem minorem acceperit*. Le mot *cautio* signifie en général une caution, sûreté de l'obligation ; mais il désigne de même l'écrit destiné à prouver une obligation, écrit appelé aussi *instrumentum*. C'est dans ce dernier sens, soutient Cujas, que ce mot est employé dans notre hypothèse. D'après ce jurisconsulte, *cautionem minorem* est ici mis pour *cautionem juniorem;* la confection d'un nouvel écrit destiné à servir de

preuve à une obligation déjà existante constitue l'*aliquid novi* et
opère novation. Il cite à l'appui de cette opinion la loi 57, *De ad-
minist. tutor.* (D. 26,7). Mais cet exemple nous semble-fort mal
choisi, car il n'y est pas question des *cautiones*, mais des *chirographa*, c'est-à-dire des contrats *litteris*, et nous avons vu que
ceux-ci opèrent par eux-mêmes novation dès le moment de leur
confection; car le fait seul de cette confection engendre une obligation qui peut en nover une autre préexistante; tandis que les
cautiones, servant simplement à constater une obligation, ne peuvent pas en produire une nouvelle, ni par conséquent opérer novation. La loi 57, ne parlant que des *chirographa* et non des *cautiones*, est donc parfaitement conforme aux principes ordinaires,
et ne vient pas à l'appui de la décision de Cujas. Nous croyons
donc, selon l'opinion générale, que le mot *cautionem minorem*
signifie ici une sûreté moins considérable qu'elle ne l'avait été
jusqu'alors accordée au créancier, et que ce fait est suffisant
pour opérer novation.

Ajoutons du reste, en terminant cet article, que la question de
savoir si l'adjonction ou la suppression d'un *sponsor* opérait novation, était, nous dit Gaïus, controversée par les jurisconsultes.
Nous manquons de documents sur cette controverse ; les Institutes nous montrent que Justinien avait adopté l'opinion Sabi-
nienne, qui admettait l'affirmative.

§ 5. — Changement d'objet.

Nous avons dit plus haut qu'il pouvait y avoir novation par
changement d'objet; c'est la doctrine générale; cependant une
opinion nouvelle soutient que c'est là une invention de la jurisprudence moderne, et que le droit romain ne l'admettait pas.

Peut-être ferions-nous bien d'opposer aux novateurs le sentiment universel contraire; toutefois la nouveauté même de cette
opinion et la conviction de ses partisans nous engagent à donner
quelques développements à cette partie de la discussion.

Cette opinion s'appuie surtout sur les fragments nouvellement
découverts de Gaïus. Pourquoi remonter jusque-là ? Est-ce que
les écrits des jurisconsultes qui n'ont pas été reproduits dans le

Digeste ont aujourd'hui un autre intérêt qu'un intérêt historique ?
Si les auteurs de ce Corps de droit, qui connaissaient parfaitement
les ouvrages de Gaïus, n'y ont pris qu'une loi sur trente-quatre
au titre de la novation, c'est que probablement ils ont jugé inutile
d'en extraire plusieurs. Toutefois, comme en discutant la théorie
nouvelle, nous aurons à parler de Gaïus comme du Digeste, nous
embrasserons l'ensemble de la question.

Les dissidents (1) soutiennent qu'à aucune époque la législation romaine n'a connu la novation par changement d'objet (2);
et à cet effet, ils invoquent des considérations si nombreuses,
qu'il faudrait pour leur examen plus d'étendue que n'en comporte notre travail. Nous nous attacherons aux arguments prin-
cipaux, qui peuvent se ramener à une considération et à une
proposition générale.

I. — La considération, c'est que ni Gaïus, ni le Digeste n'ont
parlé de ce genre de novation ; ce qui ne peut être attribué qu'à
la circonstance qu'il n'était pas autorisé.

Nous avons déjà fait remarquer, à l'occasion de l'*animus novandi*, combien il fallait être réservé pour les conséquences à tirer
du silence. Nous n'ajouterons ici qu'un mot : c'est qu'en supposant, ce qui n'est point, que le droit romain fût muet à cet égard,
cela s'expliquerait par la considération qu'une loi qui pose un
principe n'a pas besoin d'indiquer toutes les conséquences qui en
peuvent naître. Au surplus, nous trouverons la novation par
changement d'objet dans le droit romain ; cette considération
devra donc disparaître.

II. — La proposition générale est celle-ci : la loi romaine n'admettait la novation que lorsque la seconde obligation reprodui-
sait la première par la stipulation de la même dette, *idem
debitum*. Cette proposition est radicale; est-elle vraie? Telle est
la question.

Les dissidents s'appuient d'abord sur un fragment de Gaïus :

(1) Nous appellerons de ce nom les partisans du nouveau système, qui eux-mêmes
reconnaissent que leur opinion est en dissidence avec l'opinion commune.
(2) Nous puiserons leurs raisons principalement dans une discussion étendue insérée
dans la *Revue de législation* pour 1870-1871, convaincu qu'elle renferme les meilleurs
arguments qu'on puisse produire en faveur de cette opinion.

Novatione tollitur obligatio, VELUTI *si quod tu mihi debeas, a Titio dari stipulatus sim; nam interventu novæ personæ nova nascitur obligatio, et prima tollitur translata in posteriorem.* Et ils en tirent la conséquence que pour toute novation trois conditions étaient requises : 1° *stipulatio*; 2° *aliquid novi*; 3° *idem debitum.* Nous sommes autorisés, ajoutent-ils, à conclure de ce langage de Gaïus que les trois conditions sont à la fois nécessaires et suffisantes.

Nous ne saurions laisser passer à l'entrée de la discussion une conclusion qui heurte un peu la logique. Gaïus ne définit pas, il donne un exemple : *veluti;* cet exemple pose un cas où il y aurait en effet *idem debitum.* Mais il eût pu en prendre un différent, et il n'est pas permis de voir un principe dans ce qui n'est qu'une application d'un principe. Gaïus n'a pas prétendu tracer des conditions inflexibles en donnant un exemple, il n'a même indiqué aucune condition. C'est par voie d'interprétation qu'on les a extraites de sa doctrine; l'*idem debitum* n'est pas dans ce qu'il a dit, mais uniquement dans l'exemple qu'il a choisi. Que serait-il arrivé s'il en eût choisi un autre où l'*idem debitum* ne se serait pas trouvé? Il admet, en effet, comme tous les jurisconsultes de son temps, qu'il pouvait y avoir novation entre les mêmes personnes si elles ajoutaient quelque chose de nouveau à la première obligation, et il s'en explique expressément. Il pouvait prendre là son exemple; dans ce cas, serions-nous antorisé à poser comme condition que les deux obligations doivent se renfermer *entre les mêmes personnes* et être plus ou moins *différentes?* Non, sans doute; et pourtant cette conclusion serait tout aussi légitime que l'autre.

Ce n'est donc point dans cette opinion de Gaïus que nous pourrons chercher la solution. Gaïus lui-même confirmera notre raisonnement.

Après Gaïus, les dissidents invoquent plusieurs textes du Digeste.

Et d'abord la loi 1 de notre titre, contenant la définition de la novation, déjà rapportée plus haut et que nous rappelons : *Novatio est prioris debiti in aliam obligationem, vel civilem, vel natu-*

ralem, transfusio atque translatio. Novatio enim a novo nomen accepit et a nova obligatione. De cette définition, les dissidents concluent que la seconde obligation doit contenir *la même dette transportée* dans une obligation nouvelle.

Avant de nous expliquer sur cette définition, nous devons rappeler l'adage transmis au Palais par tradition, et qui n'est que le texte d'une loi romaine, c'est que *toute définition est dangereuse.* La loi 202, *De divers. reg. juris,* porte en effet : *Omnis definitio in jure civili periculosa est; parum est enim ut non subverti possit.* Cette loi aurait été écrite pour notre hypothèse qu'elle ne s'y appliquerait pas mieux; car, si l'interprétation des dissidents était exacte, il en résulterait une contradiction formelle avec le principe certain que la novation pouvait résulter d'une stipulation entre les mêmes personnes, mais contenant quelque chose de nouveau. Gaïus en donne des exemples; *les Institutes de Justinien* également. Les dissidents aussi l'admettent; or, comment accorder l'*aliquid novi* avec l'immutabilité qu'ils attribuent à la dette dans leur interprétation de la loi 1?

Comment donc faut-il l'entendre? C'est que la première obligation étant le point de départ de la seconde, et devant nécessairement y être rappelée, se trouve transportée dans l'autre, mais avec les changements qui peuvent y être faits selon l'intention des parties. Et tel était le sentiment de Gaïus, car les dissidents disent que, d'après ce jurisconsulte, la novation n'est qu'un moyen *de modifier les dettes et de les transformer.* La définition, sous peine d'être contraire à la loi, n'indique que les rapports de la première obligation à la seconde.

On ne saurait donc argumenter de cette loi 1, pas plus que de l'opinion de Gaïus, discutée précédemment.

Mais quelle idée doit-on se faire du *debitum* dont parle cette loi? Les jurisconsultes modernes l'ont traduit par le mot *objet,* sans vouloir parler de l'objet *matériel* de l'obligation; mais, comme l'indique la loi 1, de la *dette,* c'est-à-dire du fond de l'obligation, dette qui peut n'être pas d'un corps matériel et qui consiste à donner, ou faire, ou ne pas faire. C'est dans ce sens que l'entend la loi romaine, quand elle regarde comme synonymes les mots *eadem obligatio, idem debitum* (L. 116, *De verbor. oblig.* D. 45, 1). C'est la traduction littérale du *debiti* de la loi 1.

C'est dans le même sens que le Code civil actuel, en son article 1126, et dans le titre de la section à laquelle il appartient, parle *de l'objet et de la matière* des contrats.

C'est enfin ce que les dissidents reconnaissent eux-mêmes : *Idem debitum*, disent-ils, ne signifie pas *eadem res, idem corpus*, le même objet matériel ; ils ajoutent, il est vrai, que ce n'est pas non plus l'obligation elle-même, mais son *objet juridique*, ou *la prestation qu'on peut exiger du débiteur*. Ils oublient l'objet de l'obligation pour ne s'attacher qu'au résultat pécuniaire d'une poursuite en justice. Or, comme nous ne recherchons ici que les caractères de la novation, et leur application aux hypothèses, nous écarterons cette distinction, étrangère à notre discussion. Nous dirons que, si l'on a promis un esclave, l'esclave est l'objet de l'obligation, et que la *dette* est là, et non dans une *litis contestatio*.

Lors donc que nous parlerons du *changement d'objet*, nous entendrons toujours le fond de l'obligation, ce qui constitue la *dette*, qui sera, en effet, l'obligation de donner, de faire ou de ne pas faire.

Après la définition, les dissidents s'appuient sur divers textes : nous allons les examiner.

En premier lieu : la loi 4 de notre titre. — Cette loi prévoit le cas où le créancier d'un usufruit le délègue à une tierce personne ; et elle dit qu'il n'y a pas novation. Pourquoi ? Les dissidents répondent : Parce que les deux obligations n'ont pas le même objet. — Est-ce la loi qui tient ce langage ? Non ; ce motif appartient aux dissidents ; mais la loi s'est chargée de donner le véritable ; et c'est que le droit d'usufruit était incessible. Les derniers mots du texte le disent nettement : *Hæc eadem dicenda sunt in* QUALIBET *obligatione* PERSONÆ COHÆRENTI ; — ce qui ne peut laisser aucun doute sur le motif de la loi, car *qualibet* donne à entendre que l'espèce indiquée était dans ce cas ; sans quoi cette fin n'aurait aucune raison d'être.

Cela résulte aussi de la rubrique mise en tête de la loi (édition de Godefroy), qui porte : *de usufructu et cæteris personæ cohærentibus.* — Et Godefroy ajoute en note : *Nec enim potest ususfructus extraneo cedi.*

Enfin les dissidents eux-mêmes conviennent que les derniers mots du texte s'appliquent à des situations identiques à celles de la loi (obligations inhérentes à la personne).

Ce n'est donc point parce qu'il y avait différence d'objet, que la novation n'existait pas, mais par une cause entièrement étrangère. Il faut donc mettre cette loi en dehors de la discussion.

En second lieu : ils s'appuient sur la loi 56, § 7, *De verbor. oblig.* (D. 45, 1). — *Si* A TE *stipulatus fuero fundum Sempronianum, deinde eumdem fundum detracto usufructu* AB ALIO *stipuler, prior stipulatio non novabitur.* — Et ils disent : Ce sont des objets différents; voilà pourquoi il n'y a pas novation. — Nous pensons qu'ils seraient mieux dans le vrai, s'ils remarquaient les mots que nous avons soulignés dans le texte : c'est que les deux stipulations sont faites avec deux personnes différentes : qu'il n'y a pas incompatibilité entre elles, et qu'en pareil cas, pour qu'il y ait novation, il faut que la volonté de nover établisse entre les deux le rapport qui leur manquait. Cette loi est donc inapplicable.

En troisième lieu : les lois 8, § 4, 26, 32, à notre titre. — Deux objets dus séparément sont stipulés d'un tiers sous forme alternative. Y a-t-il novation? Les jurisconsultes étaient divisés, disent les dissidents; les uns soutenant que la novation n'avait pas lieu, parce qu'on n'avait stipulé que l'une des dettes; les autres soutenant l'affirmative, parce qu'on avait stipulé les deux. Les dissidents tirent de là la conséquence que tous étaient d'accord qu'il ne pouvait y avoir de nové que ce qui était en stipulation. Si par là ils entendent parler du rapport entre la première et la seconde obligation, ils auront raison. Mais s'ils veulent que l'une soit la copie de l'autre, ils seront contredits par tous les textes que nous aurons relevés. Dans l'hypothèse des lois 26 et 32, on discutait un point de fait, d'où dépendait pour les uns la novation, pour d'autres la non-novation; mais qu'est-ce que cela prouve pour la question du changement d'objet? Le résultat des lois 8, 26 et 32, est le suivant : la loi 8 dit que le débiteur a le choix de payer l'une ou l'autre dette; la loi 26 dit qu'il n'y a pas novation, mais elle ajoute : c'est dans la supposition qu'il a été dans l'intention des parties que le promettant eût le choix de satisfaire à l'une ou à l'autre, *sans quoi* il y aurait novation, s'il y avait intention de nover; *nam alioquin utrumque stipulatus videretur et utrumque novatum, si novandi animo hoc fiat.* De son côté, la loi 32 dit : *Te hominem, et Seium decem mihi dare oportet. Stipulor ab altero* NOVANDI CAUSA *ita : Quod te aut Seium dare oportet,* UTRUMQUE NOVATUR. *Paulus merito,* QUIA UTRUMQUE IN POSTERIOREM DEDUCITUR STIPULATIONEM. Ces lois sont indifférentes ici.

En quatrième lieu: la loi 91, § 6, *De verbor. oblig.*— Un esclave est promis; il meurt: pourra-t-on nover en stipulant sa valeur? *Novari an possit hæc obligatio dubitationis est,* dit Paul; *quia neque hominem qui non est, neque pecuniam quæ non debetur stipulari possumus.* EGO PUTO NOVATIONEM FIERI POSSE, *si hoc actum inter partes sit, quod et Juliano placet* (Julien antérieur à Gaïus). Nous voyons bien en quoi ce texte va contre l'opinion des dissidents; nous ne voyons pas en quoi il peut l'appuyer.

Il importerait peu, d'ailleurs, qu'il y eût dans le Digeste des textes qui n'admettraient pas la novation dans des hypothèses où les objets des obligations seraient changés, si, d'ailleurs, on en trouvait où elle était admise; car c'est là notre question.

Après avoir ainsi parcouru les textes cités à l'appui de l'opinion nouvelle, nous pouvons conclure qu'aucun d'eux ne peut la soutenir, étant tous, ou indifférents, ou contraires. Nous allons en trouver de plus positifs contre elle.

Mais, auparavant, nous avons à présenter une considération assez importante pour passer à l'état d'argument.

Il n'est pas contesté que les anciens jurisconsultes admettaient la novation dans plusieurs cas où la dette était évidemment changée. Déjà Gaïus en avait indiqué quelques-uns, notamment l'adjonction d'un *sponsor*, sur laquelle l'opinion était divergente, et l'addition d'une condition ou d'un terme, où il n'y avait pas deux opinions. Mais la loi 8 au Code à notre titre explique mieux

encore cet ancien état antérieur à Justinien; ce n'est pas le
moment d'examiner ce texte important; il reviendra dans une
autre partie de la discussion; nous n'y puiserons maintenant que
le fait constaté de la novation par changement d'objet. Outre
ceux qu'indiquent les textes de Gaïus, elle en signale plusieurs
autres, où les jurisconsultes n'étaient pas toujours d'accord, mais
où le principe de la novation était admis par tous, et où ils ne
différaient que sur le point de fait s'il y avait l'*animus novandi*.

Pourquoi admettait-on la novation dans ces diverses hypothèses? Parce qu'on y trouvait tous les caractères de la novation :
une première obligation, une seconde qui éteignait la première,
l'intention de nover, et quelque chose de nouveau. Après cela,
nous demanderons comment il serait possible que la même législation, qui autorisait les parties à modifier un peu leur première
obligation, leur eût défendu de la modifier plus profondément.
Est-ce que le plus ou moins de changement pouvait établir une
différence dans les caractères de la stipulation? Et si dans l'un
comme dans l'autre cas les caractères exigés s'y trouvaient également, pourquoi permission dans un cas et défense dans l'autre?
Cette législation, qui a mérité le nom de *raison écrite*, pouvait-
elle avoir ainsi deux poids et deux mesures? Y avait-il dans
l'extension donnée à la première convention quelque côté qui
blessât la loi, ou les bonnes mœurs, ou l'intérêt public? Puisqu'on
avait créé un moyen d'éteindre une obligation en lui en substituant
une nouvelle, pourquoi les contractants auraient-ils été autorisés
à s'en servir dans les cas seulement les moins importants? Pourquoi les priver d'une faculté qui ne pouvait nuire à aucun intérêt? Y a-t-il eu, d'ailleurs, interdiction? Nullement; et il l'eût
fallu pour défendre ici ce que l'on permettait ailleurs. Lorsque,
par un motif quelconque, une loi excepte certains cas ou certains contractants d'une faculté d'ailleurs générale, elle a soin de
le dire, et certainement la législation romaine n'y aurait point
manqué. Les dissidents ont argumenté du silence de la loi sur
le changement d'objet. Ce silence, s'il existait, s'expliquerait aisément, parce que la loi pose des principes, et que les exemples
dont elle les appuie ne peuvent ni les étendre ni les restreindre;

en cela, elle autorise tout ce qu'elle ne défend point, lorsque les
caractères de la loi existent. Mais si elle veut refuser, peut-elle se
dispenser de le dire? Non ; et c'est nous qui à bon droit invo-
quons le silence du législateur sur une exception que rien ne jus-
tifierait, et qui serait la négation de la loi elle-même. C'est donc
avec confiance que nous pouvons dire : ce n'était pas défendu,
donc c'était permis.

Nous allons plus loin : on n'aurait pu le défendre sans injustice. La loi a établi pour la novation des caractères déterminés ;
lors donc que ces caractères se montraient, il n'était pas permis
de leur refuser leur dénomination propre ; avec la chose, il fallait admettre le nom ; et quand on trouvait deux obligations dont
la seconde éteignait la première, l'intention de nover, et en
outre quelque chose de nouveau (et quoi de plus nouveau qu'un
changement dans l'objet?), on aurait eu beau fermer les yeux
pour ne pas voir la novation, elle s'imposait d'elle-même.

Des textes précis vont confirmer ces principes, et montrer la
novation avec changement d'objet.

I. — Nous avons expliqué plus haut ce que nous entendions
par le mot *debitum* de la loi 1 ; nous nous sommes borné à le
traduire, afin d'en mieux apprécier la portée : c'est la *dette*. Or, la
dette, c'est le fond de l'obligation. Lors donc qu'il s'agira de savoir si une stipulation nove une première obligation, il faudra
voir, indépendamment des autres conditions, si la dette première
a été modifiée, ou, pour employer le langage de la loi, si, dans
la seconde, il y a *aliquid novi*.

Quand il y a changement de débiteur, nous admettrons sans
peine qu'il y a quelque chose de nouveau ; de même pour le changement de créancier. Mais quand la seconde stipulation a lieu
entre les mêmes personnes, Gaïus dit qu'il faut y trouver *aliquid
novi ;* et il indique à titre d'exemples l'addition ou la suppression
d'un *sponsor*, ou d'un terme, ou d'une condition : *sed si eadem
persona sit, a qua postea stipuler, ita demum novatio fit, si quid
in posteriore stipulatione novi sit : forte, si conditio, vel sponsor,
aut dies adjiciatur aut detrahatur* (Com. 3, § 177).

Dans ces hypothèses diverses il y avait différence dans l'objet;

et c'est Gaïus que l'on invoque pour refuser la novation, quand l'objet de l'obligation n'est pas le même !

La loi 8 au Code, à notre titre, est dans le même sens, mais plus étendue. Nous en avons déjà donné le texte en parlant de l'*animus novandi ;* nous nous bornerons à l'analyser.

Avant Justinien, les anciens jurisconsultes, *veteres*, étaient divergents sur la question s'il y avait novation dans les cas indiqués où la dette primitive avait reçu quelques changements. Le dissentiment ne portait pas sur le principe qu'il y avait novation si les parties l'avaient voulu ainsi : il était admis par tous; mais sur la volonté de nover, que les uns trouvaient dans la stipulation, tandis que les autres ne l'y voyaient pas. C'était une pure question de fait, et qui était à vérifier dans chaque hypothèse. Qu'a fait l'Empereur dans sa Constitution? Il avait vu les différences d'interprétations entraîner des difficultés : il voulut y couper court pour l'avenir; il prit un parti énergique : il exigea une déclaration expresse. Désormais il n'y aura novation dans ces différentes hypothèses que lorsque les parties s'en seront expliquées; l'intention de nover ne sera plus reconnue implicitement; il faudra qu'elle soit exprimée.

Les dissidents contestent cette explication de la loi 8; ils disent que les interprètes se sont singulièrement mépris sur le sens à lui donner ; nous nous rangeons du côté des interprètes. Il y a, en effet, deux choses à relever dans ce texte : d'une part, la constatation de l'état antérieur, c'est-à-dire novation admise dans les cas spécifiés ; d'autre part, régularisation pour l'avenir.

Les mots *veteres, veteris juris conditores,* embarrassent un peu les novateurs, et ils disent qu'il ne faut les appliquer qu'aux jurisconsultes postérieurs à Gaïus et rapprochés du temps de Justinien. — Nous ne croyons pas avoir à combattre cette explication. Aucune date n'est indiquée par Justinien ; puis ni *veteres,* ni *veteris juris conditores,* ne peuvent s'entendre des jurisconsultes récents; et nous ne voyons pas quels termes aurait pu employer l'Empereur pour désigner les anciens de n'importe quelle date. — D'ailleurs Gaïus lui-même a rapporté trois de ces hypothèses où la différence dans l'objet était l'*aliquid novi* exigé par la loi. — Enfin, nous trouvons dans le Digeste la novation par changement d'objet admise par des jurisconsultes faisant autorité antérieurs à Gaïus (Julien, Celse). Nous trouvons même dans le Digeste un texte de Julien où novation et changement d'objet figurent ensemble. (L. 58, *De verbor. oblig.*)

Les cas énumérés dans la loi 8 sont bien évidemment des changements dans la dette, et les dissidents en conviennent. Quelle que fût leur importance, ils n'étaient pas douteux, et pourtant il y avait novation.

Voilà donc la novation par changement d'objet avant Justinien; voyons ce qu'elle a été depuis.

II. — Nous avons annoncé, contrairement à l'opinion des dissidents, que le Digeste n'était pas aussi muet qu'ils le disent sur ce point. Y trouverons-nous le mot? Peu importe, si nous y trouvons la chose. Parcourons quelques lois :

1° Tout à l'heure, en examinant les textes invoqués par les dissidents, nous en avons rencontré un où la novation était admise, bien que la dette fût changée; c'est la loi 91, *De verbor. oblig.* Deux objets différents (un esclave, sa valeur); raison de douter si la novation est possible ; cependant novation admise par Paul et Julien.

2° A ce texte nous pouvons ajouter la loi 28 à notre titre : *Fundum Cornelianum stipulatus, quanti fundus est postea stipulor ; si* NON NOVANDI ANIMO *secunda stipulatio facta est, cessat novatio; secunda vero stipulatio tenet, ex qua non fundus, sed pecunia debetur.* — Voilà bien deux dettes différentes qui, à défaut d'*animus novandi*, sont dues l'une et l'autre. Mais tirons la conclusion. Si l'intention de nover n'a pas existé, point de novation. Mais si elle a existé?

3° Nous pouvons y joindre les lois 44, § 6, *De oblig. et action.* (D. 44, 7), et 71, *Pro socio* (D. 17, 2).

Dans la loi 44, § 6, le jurisconsulte Paul examine l'hypothèse suivante : *Si navem fieri stipulatus sum, et si non feceris, centum ; videndum utrum duæ stipulationes sint, pura et conditionalis, et existens sequentis conditio non tollat priorem; an vero transferat in se et quasi novatio prioris fiat ; quod magis verum est.* C'est comme si le jurisconsulte eût demandé s'il y a absence de novation, ou si, au contraire, la première obligation est transportée dans la seconde, ce qui serait une novation ; cependant, il ne conclut qu'à une quasi-novation. Pothier y voit, avec raison, une novation ; et Godefroy, sur cette loi, dit : *Pœnali stipulatione novationem fieri hinc collige.* Les dissidents disent : Si Paul n'a vu ici qu'une quasi-novation, c'est sans doute parce que la première obligation se trouvant novée dès l'instant où elle est exigible, n'a jamais produit d'effet juridique, et n'a pas eu, pour ainsi dire, le temps de se former ; si la seconde stipulation, au lieu de suivre la première immédiatement, ne l'avait suivie qu'après intervalle, elle aurait pu opérer *une novation proprement dite.* — Nous avons quelque peine à concilier cette opinion avec la thèse que nous discutons, qui nie la novation quand il y a changement d'objet.

Au surplus, dans la loi 74, et dans une hypothèse semblable, Paul conclut à une novation, si les parties l'ont ainsi voulu. Société entre deux personnes, et stipulation d'une peine en cas de contravention ; *quæsitum est an, si quid contra factum esset, societatis actione agi posset. Respondit.... futurum fuisse ut,* SI NOVATIONIS CAUSA ID FECISSENT, *pro socio agi non possit.* — Voilà encore deux objets différents, et pourtant novation.

4° De même dans loi 26 à notre titre : *Si is, cui decem Titius, quindecim Seius debebat, ab Attio stipulatus est : quod ille aut ille debeat, dari sibi ; novatum utrumque non est ; sed in potestate Attii est pro quo velit solvere et eum liberare ; fingamus autem ita actum, ut alterutrum daret,* NAM ALIOQUIN *utrumque stipulatus videretur, et utrumque novatum, si novandi animo hoc fuit.*

5° De même dans la loi 58, *De verbor. oblig.* — Cette loi est importante, et par ce qu'elle dit, et par ce que les dissidents lui supposent : *Qui actum stipulatur, deinde iter, posteriore obligatione nihil agit ; sicuti qui decem, deinde quinque stipulatur, nihil agit ; item, si quis fructum, deinde usum stipulatus fuerit, nihil agit ; nisi* IN OMNIBUS *novandi animo hoc facere specialiter expresserit ; tunc enim priore obligatione expirante, ex secunda introducitur petitio. Et tam iter quam usus, nec non quinque exigi possunt.* — Voilà autant de stipulations par changement d'objet, qui, par elles-mêmes, n'engendreraient point novation ; mais la novation s'y trouve, si les parties l'ont ainsi voulu. Embarrassés par ce texte, les dissidents cherchent à l'expliquer en disant que c'est seulement *exceptionis ope* que l'effet se produit. L'argument est commode, mais cela ne suffit pas ; et ils auraient pu remarquer : 1° que le texte dit *petitio,* et non pas *exceptio ;* 2° qu'il déclare qu'il y a novation, ce qui exclut l'idée d'une simple exception. — Cette loi est de Julien.

En terminant sur ce point, nous répondrons à un argument par lequel les dissidents croient écarter toute idée de novation quand les dettes sont différentes : Chacune d'elles, disent-ils, se soutient par elle-même, et, par suite, elles ne peuvent ' entrer dans une novation. — Il nous suffira de faire remarquer que toutes les hypothèses où l'on discute sur la novation peuvent être dans ce cas. Titius me doit 100 ; à quelque temps de là, Mévius me promet également 100. Comme il n'y a nul rapport indiqué entre les deux dettes, elles seront indépendantes : chacune se soutiendra toute seule ; il n'y aura point novation. Mais si (prenant l'exemple de Gaïus) Mévius me promet *les 100 que me doit Titius,* le rapport est établi, les dettes ne sont plus indépendantes ; il y aura novation. — Prenons maintenant un exemple dans les hypothèses de la loi 8 au Code. Si mon débiteur de 100 me promet 150 : point de rapport, point de novation. Mais si je lui dis : *A la place des 100 que vous me devez,* me promettez-vous 150 ? le rapport existe ; et des jurisconsultes anciens, sinon tous, y trouvaient la novation. — Il en sera de même si l'on m'a promis d'abord un champ, et que plus tard je stipule de mon débiteur une maison ; point de rapport, point de novation. Mais si je lui dis : *A la place du champ que vous me devez,* me promettez-vous telle maison ? Les deux dettes cessent d'être indépendantes ; elles sont subordonnées, incompatibles ; elles ne se soutiendront pas séparément ; elles s'excluront ; la seconde annulera la première ; et la novation s'ensuivra. Tout dépend donc des termes de la stipulation.

Les dissidents ont invoqué l'opinion de Cujas et de Pothier. Nous ne rechercherons point quelle portée il faudrait reconnaître au sentiment des deux jurisconsultes. Il nous suffira de leur opposer le sentiment général des jurisconsultes qui les ont suivis ; nous leur opposerons surtout les textes de lois que nous venons d'invoquer, bien supérieurs aux interprétations, quelque distingués que soient les interprètes.

Nous arrêterons ici cette dissertation, déjà assez longue, et nous croyons avoir justifié notre proposition que le Digeste n'est pas muet sur la novation avec changement d'objet ; nous l'avions vu déjà pour les temps antérieurs à Justinien ; nous pouvons donc conclure *que la novation dans le droit romain pouvait avoir lieu par changement d'objet.*

Un dernier mot : nous ne voulons pas expliquer le droit romain par le droit français ; mais le second est né du premier, et il en a en général gardé religieusement l'esprit. Nous sommes donc autorisé à faire remarquer que l'article 1271 du Code civil indique un premier cas de novation, et c'est celui du changement d'objet.

CHAPITRE VI.
DES EFFETS DE LA NOVATION.

SECTION Iʳᵉ.
Extinction de la première obligation et ses conséquences.

La novation, avons-nous dit, a pour effet d'éteindre la première dette de la même manière qu'elle le serait par un paiement réel. Il en résulte que toutes les sûretés qui en garantissaient l'exécution disparaissent avec elle, en vertu du principe : *Accessorium sequitur principale.*

I. — D'abord, les cautions sont libérées. C'est ce que nous dit la loi 4, *De fidejuss.* (C. 8, 41). Les fidéjusseurs qui avaient cautionné la première obligation ne peuvent être regardés comme garantissant la seconde qu'autant qu'ils ont bien voulu y accéder.

II. — La novation éteint également les gages et hypothèques

qui garantissaient l'ancienne dette : *Novatione legitime facta liberantur hypothecæ* (L. 18, *h. tit.*). Cependant, comme pour les fidéjusseurs, on peut convenir qu'ils resteront affectés à la nouvelle obligation. Et il est bien plus avantageux pour le créancier de réserver l'ancienne hypothèque que d'en exiger une nouvelle; car, en vertu de cette clause, il sera conservé à son rang d'hypothèque pour sa nouvelle créance du jour de la date de l'ancienne (L. 3, pr. *qui potior. in pign.* D. 20, 4), et primera tous les créanciers postérieurs à cette date, mais seulement jusqu'à concurrence du montant de l'obligation primitive; car, s'il en était autrement, on violerait les règles de l'équité, et la novation viendrait empirer injustement la position du créancier postérieur.

Quand la novation s'opère par changement de débiteur, le créancier peut-il se réserver ses hypothèques sans le consentement de celui qui les a constituées? Pothier admet la négative en se fondant sur la loi 30 de notre titre, qu'il explique en disant que le créancier, même en se réservant les garanties au moment de la novation, ne pourrait se passer du consentement du premier débiteur, parce que le nouveau, à qui les choses n'appartiennent pas, ne peut pas les hypothéquer sans l'adhésion du propriétaire; et Pothier applique la même solution au cas où c'est un débiteur solidaire qui fait novation avec le créancier sous la réserve des hypothèques; cette réserve ne portera que sur les biens de ce débiteur et non sur ceux des autres, car on ne peut les hypothéquer sans leur consentement.

Suivant d'autres commentateurs, la loi 30 est complétement étrangère à la question de savoir si les gages et hypothèques peuvent être réservés lors de la novation sans le consentement de l'ancien débiteur. Elle suppose que la novation a été faite *in universum*, de telle sorte qu'il ne reste rien de la première obligation; puis, qu'après coup, le créancier veut faire revivre les hypothèques ainsi éteintes : il ne le peut pas sans le consentement du premier débiteur; car celui-ci, étant libéré par la novation, est exactement dans la même position que celui qui n'a jamais rien hypothéqué.

Paul, dans la loi 30, fait simplement l'application de ce principe de droit commun que le propriétaire seul peut hypothéquer sa chose ; il a dù s'en expliquer, parce qu'on aurait pu croire que ce principe n'était pas applicable ici ; le débiteur ne semblant guère pouvoir se plaindre de cette nouvelle hypothèque, puisque en définitive ses biens étaient déjà hypothéqués avant l'*expromissio*, et qu'il résulte toujours pour lui l'avantage d'être libéré de l'obligation personnelle envers son créancier.

On peut donc dire, et nous adoptons cette explication, que le créancier pourrait, sans le consentement du débiteur, se réserver les hypothèques qu'il avait sur les biens. Cette opinion, déduite *a contrario* de la loi 30, est d'autant plus soutenable qu'aucun principe de droit ne s'oppose à la réserve des garanties accessoires dans cette hypothèse.

III. — Les priviléges attachés à certaines créances s'évanouissent. Ainsi la loi 29 de notre titre nous dit que la femme perd son *privilegium dotis*, si, après son divorce, elle stipule avec l'intention de nover ce qui lui était dù par son mari. Il en est de même pour le pupille qui stipule *novandi animo*, après sa puberté, ce qui lui était dù par son tuteur ; il perd son privilége pour le reliquat de son compte de tutelle.

IV. — Les intérêts cessent de courir, *usuræ non currunt* (L. 18, *h. tit.*) ; à moins qu'on ne les ait expressément stipulés dans la nouvelle obligation ; car le capital a cessé d'exister ; les intérêts devront donc avoir le même sort. Mais cette loi ne concerne évidemment que les intérêts à échoir ; car ceux qui le sont déjà lors de la novation resteront toujours dus.

V. — La clause pénale disparaît également avec l'obligation dont elle garantissait l'exécution ; sauf, bien entendu, stipulation contraire.

VI. — Un des effets les plus importants de la novation est de purger la demeure du débiteur (L. 8, pr. *h. tit.*). La demeure est le retard apporté par le débiteur à l'exécution de son obligation. La *purgatio moræ* est très-avantageuse pour lui, car elle le délivre des risques qui étaient à sa charge depuis sa mise en demeure et qui l'obligeaient à répondre de la perte de la chose, même arrivée fortuitement. Nous étudierons dans la section suivante si le même résultat se produisait quand la novation était conditionnelle.

SECTION II.

Effets de la novation conditionnelle.

La novation conditionnelle, nous l'avons vu, ne s'opère pas immédiatement; elle est subordonnée à l'accomplissement d'un événement futur et incertain, déterminé par les parties.

Les effets en sont bien différents, selon que la nouvelle obligation est formée *inter easdem partes*, ou qu'elle l'est *inter diversas partes*. Après les avoir successivement étudiés, nous examinerons la question de savoir si la novation conditionnelle peut purger la demeure du débiteur.

I. — La novation conditionnelle intervenue *inter diversas partes* suppose que la nouvelle obligation a été passée avec un nouveau créancier ou un nouveau débiteur. Cette nouvelle obligation, étant conditionnelle, soumet en quelque sorte la première à une condition inverse de la seconde. La loi 36, *De rebus creditis* (D. 12, 1), suppose que vous me devez une somme purement et simplement; avec mon consentement, un autre créancier stipule de vous *animo novandi* la même somme sous condition. En vertu de cette stipulation conditionnelle, la première obligation reste en suspens; et si la condition ne s'accomplit pas, elle reprend toute sa force; c'est ce que la loi 36 indique par ces mots : *Tanquam sub contrariam conditionem.*

L'intérêt pratique qui en résulte consiste en ce que, si je vous poursuis en exécution de la première obligation, j'encours la *plus petitio*, parce que, tant qu'il est incertain que la condition n'arrivera pas, la première obligation reste en suspens.

Dans l'exemple que nous venons de citer, c'est la personne du créancier qui est changée lors de la seconde obligation; le même résultat se produit quand c'est un autre débiteur. Si un tiers me promet sous condition ce qu'une autre personne me doit purement et simplement, et que l'un des deux paie *pendente conditione*, il pourra répéter. En effet, tant que la condition est en suspens, on ne sait pas lequel des deux débiteurs sera tenu en définitive ; le premier ne l'est que sous la condition que l'événement auquel est subordonnée la deuxième obligation ne s'accomplira pas ; le second, sous la condition que cet événement s'accomplira.

Aucun de ces deux débiteurs ne peut donc être poursuivi *pendente conditione*, sous peine pour le créancier d'encourir la *plus petitio* ; et si l'un des deux paie, il pourra répéter.

Cependant Cujas soutient que le premier débiteur peut être mis en demeure, même *pendente conditione* ; et il invoque à l'appui de son opinion la loi 58, § 8, *De verbor. oblig.*, dont voici l'hypothèse : Titius me doit un esclave purement et simplement, et Séius me promet ce même esclave sous condition ; cet esclave périt *pendente conditione sub moram Titii*... Donc, conclut Cujas, le premier débiteur peut être mis en demeure après la stipulation conditionnelle et avant l'événement de la condition. D'après cette explication il semble que les poursuites sont possibles même *pendente conditione*. Mais l'interprétation de Cujas n'est pas juste ; car la loi 56 ne dit pas du tout que Titius est mis en demeure *pendente conditione* ; il peut très-bien y avoir été mis avant la nouvelle obligation. La loi 56 ne dit pas le contraire, elle porte simplement ces mots : *Post moram Titii*, sans indiquer à quel moment cette *mora* a eu lieu. De cette façon elle n'est pas en contradiction avec la loi 36, *De rebus creditis*.

Du reste, il faut dire que Cujas, en soutenant cette opinion, n'avait pas précisément en vue le cas qui nous occupe. Il étudiait la question de savoir si la novation conditionnelle purgeait la *mora* ; et comme la loi 56, § 8, était en contradiction avec d'autres textes, il avait pensé, pour tout concilier, que dans cette loi la *mora* avait lieu après la nouvelle stipulation ; mais il ne s'occupait pas précisément de savoir si le débiteur peut, ou non, être poursuivi *pendente conditione*.

Cependant, en admettant la possibilité de la mise en demeure avant l'événement de la condition, Cujas supposait implicitement qu'on pouvait poursuivre ; ce qui serait en opposition avec les deux lois combinées : 127, *De verbor. oblig.*, qui dit que la mise

en demeure n'est pas possible là où la poursuite ne le serait pas;
et 36, *De rebus creditis*, qui dit que la poursuite ne peut pas
avoir lieu *pendente conditione*. Et voilà pourquoi l'opinion de
Cujas nous paraît inadmissible.

II. — Quand la stipulation conditionnelle intervient *novandi
causa inter easdem partes*, le résultat n'est plus le même que
quand l'un des sujets de l'obligation se trouve changé. Elle produit l'effet d'un terme incertain accordé au débiteur pour l'exécution de ses engagements. Le terme incertain est celui qui doit
nécessairement arriver, mais dont on ne peut dire d'avance
l'époque.

Un créancier stipule sous condition de son débiteur ce que
celui-ci lui devait déjà purement et simplement; le débiteur est
certain d'être tenu, que la condition se réalise ou non; si elle
s'accomplit, il le sera en vertu de la seconde obligation; si elle
vient à défaillir, il le sera en vertu de la première, car la novation
ne s'est pas opérée *deficiente conditione*. Mais ce n'est qu'à ce
moment qu'il pourra être poursuivi; car, jusque-là, on ne sait
pas encore en vertu de quelle obligation il pourrait être actionné;
en effet, toutes les deux sont en suspens, jusqu'à ce que l'événement ou l'inaccomplissement de la condition vienne décider si
c'est en vertu de la première ou de la seconde que le débiteur
sera tenu.

Le créancier ne pourra donc pas poursuivre son débiteur avant
cette époque. Mais si celui-ci paie *pendente conditione*, pourra-
t-il répéter? Paul nous donne la réponse dans la loi 60, § 1, *De
condict. indeb.* (D. 12, 6.) Plusieurs jurisconsultes, dit-il, assi-
milent ce cas à celui où ce sont deux personnes différentes; car,
bien que ce soit le même débiteur, il n'y en a pas moins deux
obligations, et l'on ne sait pas encore en vertu de laquelle le débiteur sera tenu; en conséquence, s'il paie *pendente conditione*, il
peut répéter. Mais Paul semble indiquer que ces jurisconsultes
ont eu tort d'assimiler ces deux hypothèses; car elles sont tout à
fait différentes l'une de l'autre. En effet, quand l'obligation conditionnelle comporte un changement de créancier ou de débiteur, on ignore dès à présent quel sera, en définitive, le créan-

cier ou le débiteur; on ne le saura qu'au moment de la réalisation ou de l'inaccomplissement de la condition; de sorte qu'un paiement fait avant cette époque ne saurait être considéré comme valable, et doit être sujet à répétition. Mais il n'en est point ainsi quand les parties sont les mêmes dans les deux obligations; ici, en effet, on est certain dès à présent que ni le débiteur ni le créancier ne changeront; et, quoi qu'il arrive, le débiteur sera toujours tenu. D'où il résulte que le paiement fait *pendente conditione* dans cette hypothèse sera parfaitement valable, le débiteur ayant ainsi implicitement renoncé au bénéfice du terme incertain qui lui avait été accordé par la seconde obligation.

En un mot, le créancier ne pourra pas poursuivre le paiement *pendente conditione;* mais si le débiteur paie, il ne pourra pas répéter.

Le résultat sera donc le même, que la condition se réalise ou non. Dès lors, à part ce léger avantage du terme incertain procuré par la nouvelle obligation, quel est l'intérêt pratique qu'on peut y trouver? Cet intérêt, le voici : la stipulation conditionnelle que je fais avec mon débiteur pur et simple n'a pas d'effet *stricto jure*, mais peut être, suivant les circonstances et la volonté des parties, considéré comme contenant un pacte *de non petendo* pour le cas où la condition ne s'accomplirait pas (Gaïus, com. 3, § 179); si les parties ont convenu entre elles que l'objet de la convention ne serait exigé que dans l'hypothèse où la condition viendrait à se réaliser, et que, la condition étant défaillie, le créancier actionne néanmoins le débiteur en paiement du montant de l'obligation, celui-ci pourra le repousser au moyen de l'exception *doli mali* ou *pacti conventi*, ainsi que nous l'avons déjà vu. De plus, selon la plupart des jurisconsultes, l'effet le plus important produit par la stipulation conditionnelle est de purger la demeure. Mais cette solution est controversée. C'est ce que nous allons examiner.

III. — Quelle influence une novation conditionnelle pouvait-elle exercer sur la *mora* du débiteur? Les jurisconsultes étaient fort divisés là-dessus.

Julien, dans la loi 56, § 8, *De verbor. obligat.*, décide que la

stipulation conditionnelle ne purge pas la demeure ; il suppose
qu'un esclave dû purement et simplement par Titius *in mora*,
m'est ensuite promis sous condition par Séius ; *pendente conditione*, cet esclave meurt ; Titius restera obligé malgré cette perte,
et pourra être poursuivi en dommages-intérêts ; et la novation
ne s'opérera pas à la charge de Séius si la condition s'accomplit,
car son obligation ne saurait exister faute d'objet. D'où il résulte
qu'il n'y a pas *purgatio moræ ;* car si la stipulation conditionnelle
avait purgé la demeure, Titius serait libéré par la perte de l'esclave, et ne pourrait plus être poursuivi. Vénuléius est du même
avis dans la loi 31, pr. à notre titre. Ces deux jurisconsultes
sont donc d'accord pour perpétuer l'effet de la *mora*.

L'opinion contraire est également appuyée par plusieurs textes.
Ulpien (L. 14, pr. *h. tit.*), Papinien (L. 17, *De condict. furtiva.*
D. 13, 1), et Marcellus (L. 72, § 1, *De solut.* D. 46, 3), supposent que l'esclave Stichus, dû purement et simplement par un
débiteur *in mora*, est ensuite promis sous condition, et périt
pendente conditione ; la seconde obligation ne pourra pas naître,
puisque *non subest res eo tempore quo conditio impletur ;* par
suite, pas de novation possible ; et cependant ces jurisconsultes
soutiennent que la *mora* du débiteur est purgée, et qu'il sera à
l'abri de toute poursuite. Pourquoi cela ? Pothier l'explique très-
bien en disant : *Quia debitor satisfecit creditori.* Le créancier n'a
pas demandé le paiement, mais quelque chose d'équivalent, la
novation ; il a entendu par cela même faire remise de la *mora*,
qui a disparu avec l'ancienne obligation. Selon Marcellus, c'est
en quelque sorte comme si le débiteur avait fait au créancier des
offres de paiement, et que celui-ci les eût refusées ; dès ce moment-là, les risques cessent d'être à la charge du débiteur. En
conséquence, la *mora* sera purgée par la stipulation conditionnelle, et le débiteur sera libéré, quoique la novation n'ait pu
avoir lieu faute d'objet.

Marcellus cependant apporte à sa décision une restriction que
ne reproduisent pas les autres. Selon lui, il faut examiner si le
débiteur est en état ou non d'offrir la chose promise au moment
où intervient la seconde stipulation. Le peut-il ? la demeure sera

purgée. Est-il dans l'impossibilité de le faire, par exemple, si Stichus est absent à ce moment? il n'y a pas *purgatio moræ*.

Mais cette distinction de Marcellus n'est pas fondée; car c'est l'intention du créancier qu'il faut rechercher. En se contentant de stipuler conditionnellement de son débiteur, il a ainsi, en quelque sorte, refusé d'être payé, et a, par là même, libéré ce dernier des risques; peu lui importe donc de savoir si, au cas où il aurait accepté, le débiteur eût pu, ou non, réaliser son offre. — Aussi les autres jurisconsultes ont-ils repoussé cette distinction. Mais, à part ce point, ils s'accordent pour décider que la novation conditionnelle crée une *purgatio moræ;* que, par suite, dès l'instant où la seconde stipulation a été formée, le débiteur cesse de répondre des cas fortuits, et qu'il est au contraire toujours libéré par la perte fortuite de l'objet survenue *pendente conditione*, peu importe que la condition se réalise ou non.

On a présenté plusieurs systèmes cherchant à concilier ces doctrines opposées. Nous pensons qu'il vaut mieux admettre une antinomie, et nous adopterons l'opinion de M. de Wangerow, qui considère les textes de Marcellus, de Papinien et d'Ulpien comme indiquant un progrès de la jurisprudence, de l'*æquum jus* sur le *strictum jus*, où l'on s'attache davantage à la véritable intention des parties.

Selon le droit strict, il faudrait dire d'une manière absolue qu'une novation conditionnelle ne saurait avoir, tant qu'elle est en suspens, aucune influence sur la première obligation. Une conséquence de ce principe serait, ainsi que le disent Julien et Vénuléius, de conserver intactes la première obligation et la *mora*, tant que la condition est en suspens; une telle doctrine assurément blesse l'équité, ainsi que la véritable volonté des contractants; il est donc difficile d'admettre la continuation de la *mora*, de telle sorte que le débiteur puisse toujours être considéré comme en faute si la chose vient à périr par cas fortuit. Cette idée d'équité se trouve comprise dans la loi 72, § 1, *De solut.* (D. 46, 2) de Marcellus : *Sed in promptum contradictio est debitorem..... non videri in solutione hominis cessasse.*

DEUXIÈME PARTIE.

DE LA DÉLÉGATION.

Jusqu'à présent, nous nous sommes occupé des règles générales qui régissent toute novation. Nous avons maintenant à étudier une espèce particulière de novation, qui, tout en restant soumise aux principes que nous avons exposés, contient pourtant plusieurs règles qui lui sont propres : c'est la délégation, que les jurisconsultes ont, avec raison, distinguée de la novation ordinaire ; aussi ont-ils donné pour titre à notre matière : *De novationibus et delegationibus.* — Nous en examinerons successivement les formes et les effets.

CHAPITRE Ier.
DES FORMES ET DES ÉLÉMENTS CONSTITUTIFS DE LA DÉLÉGATION.

La définition de la délégation nous est donnée par Ulpien dans la loi 11 de notre titre : *Delegare est vice sua alium reum dare creditori, vel cui jusserit;* déléguer, c'est fournir à son créancier ou à une personne indiquée par lui un autre débiteur qui prend notre place.

Trois personnes figurent dans la délégation, et il en intervient quelquefois une quatrième; ce sont : le délégant, qui donne mandat de s'obliger; le délégué, qui s'oblige sur l'ordre qu'on lui donne; le délégataire, envers qui l'on s'oblige. La quatrième personne que l'on rencontre parfois dans ce genre d'opération est celle que le créancier du délégant indique, et envers laquelle le délégué s'oblige.

La délégation peut opérer novation de trois manières différentes : 1° par changement de débiteur, quand le délégué ne doit rien au délégant (L. 33, h. tit.); 2° par changement de créancier, quand le créancier délègue son débiteur à un tiers auquel il ne doit rien, dans le but de lui faire une libéralité; 3° par changement tout à la fois de débiteur et de créancier, quand le débiteur délègue à son créancier son propre débiteur. — Ce dernier cas était le plus fréquent, car il facilitait les paiements et opérait une double novation en éteignant par une seule stipulation deux dettes : celle du délégant envers le créancier délégataire, et celle du délégué envers le délégant.

Outre l'avantage qu'elle procurait d'abréger ainsi des paiements multipliés, elle avait encore celui de permettre de transporter réellement et effectivement une créance d'une personne à l'autre, ainsi que nous le verrons dans la suite de ce chapitre.

La délégation, nous dit Ulpien (L. 11, h. tit.) a lieu *per stipulationem* ou *per litis contestationem*.

I. — Occupons-nous d'abord de la délégation par stipulation. Dans ce genre d'opération, il y a deux actes bien distincts : d'abord un double mandat, puis un contrat solennel. Le double mandat est donné par le délégant au délégué de s'obliger envers le délégataire, et au délégataire de stipuler du délégué et de l'accepter pour débiteur. Le contrat solennel est une stipulation par laquelle le délégué s'engage envers le délégataire; il est probable qu'autrefois le contrat *litteris* et la *dotis dictio* pouvaient également servir à cet usage; mais comme ils ne sont plus en vigueur sous Justinien, les textes n'en font pas mention.

Le mandat est un contrat purement consensuel; il ne nécessite aucune forme particulière; le consentement du délégant peut donc se manifester verbalement, par écrit, et même par signes, si le débiteur ne peut pas parler (L. 17, h. tit.); il peut n'intervenir qu'après la stipulation, et ratifier ainsi l'opération faite à l'insu du délégant.

La délégation par stipulation était dans l'ancien droit le seul moyen de céder une créance; cession que la loi défendait, car les créances étaient essentiellement personnelles. On tournait ainsi la difficulté en éteignant la première obligation au moyen d'une nouvelle qui se formait en son lieu et place, et dans laquelle le cessionnaire devenait créancier (Gaïus, com. 2, § 38). Celui à qui le créancier voulait céder sa créance devait, sur l'ordre de ce dernier, stipuler à nouveau du débiteur; il en résultait que celui-ci cessait d'être tenu vis-à-vis du premier créancier en s'obligeant envers le second; cette délégation opérait novation par changement de créancier. Ce procédé ne transférait pas la même créance, mais en formait une nouvelle, car la première était éteinte.

Mais ce système offrait deux inconvénients : d'abord, le créancier ne pouvait pas transférer à un tiers sa créance sans le consentement du débiteur; secondement, la première obligation s'éteignant, ses accessoires, sûretés, hypothèques, cautionnements, etc., disparaissaient avec elle.

Pour y remédier, les Romains inventèrent un autre procédé : ce fut la *procuratio in rem suam*, que nous étudierons en parlant de la délégation *per litis contestationem*.

Pour que la novation par changement de créancier puisse s'opérer, il faut que la chose qui en fait l'objet puisse devenir la propriété du nouveau créancier; si elle était inhérente à la personne du créancier primitif, la novation ne pourrait avoir lieu. C'est ce que nous dit Ulpien dans la loi 4 à notre titre, dont nous avons déjà parlé en expliquant la novation par changement d'objet. Une personne est débitrice envers moi d'un usufruit; je vous délègue mon débiteur, et il vous promet ce même usufruit; la novation ne pourra pas s'opérer. En effet, l'usufruit est attaché à la personne de l'usufruitier, et ne peut s'en détacher que pour revenir à la propriété; il y est si fortement attaché, que l'usufruit juridiquement cédé ne passe pas au cessionnaire. Si dans notre espèce il pouvait y avoir novation, ce serait reconnaître que l'usufruit peut être cédé, et passer de la tête d'un créancier sur celle d'un autre, ce qui est interdit par la loi. Cependant ce mandat que j'ai donné à mon débiteur, et en vertu duquel il vous promet l'usufruit qu'il me devait, aura le double effet de l'engager valablement envers vous, qui pourrez annuellement réclamer de lui par une action *incerti* les produits de l'usufruit;

et de permettre au débiteur de repousser mes prétentions à l'usufruit par une exception *doli vel in factum*, même si je n'intente ma demande qu'après votre mort. La raison en est que, si j'étais mort avant vous, mon débiteur aurait néanmoins dû vous servir jusqu'à votre mort un revenu équivalent à mon usufruit; il aurait donc été en perte, puisque, s'il n'avait pas accepté ce mandat que je lui ai donné, il eût cessé, par ma mort, d'être grevé d'un usufruit. Pour le dédommager de cette chance de perte, on lui donne une chance de gain, en décidant que, si vous mourez avant moi, je ne pourrai pas réclamer mon usufruit, bien qu'il ne soit pas éteint *ipso jure ;* dans ce cas, ce sera à mon tour de supporter la perte : c'est, en un mot, une *alea* que je cours, ainsi que mon débiteur. — Dans ce cas, la novation ne pourra donc pas s'opérer, car la première obligation ne sera pas éteinte *ipso jure*, mais *exceptionis ope*.

Dans la délégation, de même que dans toute autre novation, l'*animus novandi* est indispensable ; il faut qu'il résulte des circonstances de l'acte dans l'ancien droit, et qu'il soit, depuis Justinien, formellement exprimé. La loi 8 au Code est générale, et peut s'appliquer aussi bien à la délégation qu'à la novation; et même, on peut dire que l'*animus novandi* est encore plus nécessaire pour la première que pour la seconde. En effet, quand une novation a lieu entre les mêmes personnes, on peut facilement présumer qu'elles ont voulu faire quelque chose de nouveau ; mais quand la stipulation a lieu avec un nouveau débiteur, on ne peut pas dire à première vue quelle est la nature de l'opération ; elle peut être une fidéjussion aussi bien qu'une novation ; on peut facilement supposer que le stipulant a eu en vue, non de décharger son débiteur, mais d'augmenter ses chances de remboursement en augmentant le nombre de ses débiteurs.

Du reste, comme nous l'avons dit, les règles générales de la novation s'appliquent également à la délégation, qui n'est qu'une espèce particulière de novation. Ainsi la délégation peut être pure et simple ou conditionnelle ; dans ce dernier cas, le délégant reste débiteur sous la condition contraire de celle qui affecte la stipulation intervenue entre le débiteur délégué et son créancier :

il ne pourra donc pas être poursuivi *pendente conditione;* le délégué ne pourra pas être poursuivi non plus, car il est incertain s'il devra jamais.

Il faut également que les parties soient capables ; nous examinerons cependant plus loin la question de savoir si une femme qui veut être déléguée n'en est pas empêchée par les règles du sénatus-consulte Velléien.

La délégation est purement facultative de là part des parties ; pourtant, on trouve une exception à ce principe dans la loi 29, *De liberat. legata* (D. 34, 3). Un testateur ayant deux *corrci promittendi* qui ne sont pas *socii,* Primus et Secundus, leur lègue par une seule et même disposition la libération de leur dette. L'un d'eux, Primus, n'a pas le *jus capiendi;* l'autre, Secundus, au contraire, non-seulement peut *capere,* mais de plus *liberos habet;* de sorte qu'en vertu des lois caducaires, il y a le *jus caduca vindicandi.* Que devra donc obtenir Secundus? L'héritier, pour exécuter le legs, déléguera Primus à Secundus ; ce dernier obtiendra, au moyen de la *petitio* exercée contre son *correus,* d'abord sa libération, puis le bénéfice que Primus, s'il eût eu le *jus capiendi,* aurait retiré du legs, c'est-à-dire un bénéfice égal au montant de sa créance.

II. — La délégation pouvait s'opérer *per litis contestationem :* en premier lieu, quand le débiteur poursuivi se faisait représenter en justice par un *cognitor* ou un *procurator in rem suam ;* l'*intentio* de la formule contenait le nom du débiteur, et la *condemnatio* celui du *procurator,* qui se trouvait ainsi chargé de payer au créancier la somme due (Gaïus, com, 4, §§ 86, 87).

Elle avait encore lieu quand le créancier se faisait lui-même représenter dans l'instance par celui à qui il voulait céder ses actions. C'est ce que l'on désignait proprement sous le nom de transport de créances. Quand un débiteur, que son créancier voulait déléguer à un tiers, refusait de s'engager vis-à-vis de ce dernier, le créancier ne pouvait pas l'y contraindre ; mais il avait la ressource de céder sa créance à ce tiers en le constituant *procurator in rem suam.* Comme le créancier pouvait exercer contre son débiteur par un mandataire aussi bien que par lui-même l'action née de sa créance, il faisait du tiers auquel il voulait transporter sa créance son mandataire pour exercer son action contre son débiteur (Gaïus, com. 4, § 86) ; il était convenu entre eux que l'action serait exercée par le mandataire, à la vérité au nom du mandant, mais aux risques et pour le compte du mandataire, qui devait retenir pour lui tout ce qu'il exigeait du débiteur en conséquence de son mandat, et n'avait aucun compte à rendre au mandant ; l'*intentio* de la formule était rédigée au nom du mandant, et la *condemnatio* au nom du mandataire. Ce dernier était appelé par les jurisconsultes *procurator in rem suam*, parce qu'il exerçait le mandat, non pour le compte du mandant, mais pour le sien propre.

Ce procédé n'offrait pas les mêmes désavantages que la délégation par stipulation ; ainsi, on n'avait pas besoin du consentement du débiteur (L. 1. C. *h. tit.*) ; la *procuratio in rem suam* pouvait avoir lieu à l'insu du débiteur, et même malgré lui. De plus, les sûretés qui garantissaient la créance continuaient d'exister.

Mais le cédant demeurait toujours créancier ; de sorte que, jusqu'à ce qu'il fût devenu, par suite de la *litis contestatio*, *dominus litis*, ou jusqu'à ce qu'il eût du moins reçu du cédé *aliquid ex debito*, ou dénoncé la cession à ce cédé, le cessionnaire pouvait voir son mandat révoqué par la volonté du cédant, ou même par sa mort.

Outre ces différences entre la délégation par stipulation et la cession de créance, nous en trouvons encore d'autres fort importantes. Ainsi, le cédé peut opposer au cessionnaire les exceptions qu'il avait contre le cédant (LL. 4 et 5, *De hered. vel act. vend.* D. 18, 4) ; le délégué ne le peut pas toujours, comme nous le verrons dans le chapitre suivant. De plus, en cas de cession, le nouveau créancier a toujours une action identique à celle qu'avait l'ancien, tandis qu'en cas de délégation, il n'en sera pas toujours ainsi. En effet, si vous stipulez de mon débiteur ce qu'il me doit, vous ne pourrez acquérir par là qu'une *condictio incerti ;* tandis que l'action que j'avais pouvait être autre chose, une action de bonne foi, une *condictio certi,* qui se trouverait alors transformée en une *condictio incerti.*

La délégation *per litis contestationem* opérait-elle novation ? Cela dépend de la question de savoir si la novation pouvait résulter de la *litis contestatio*, question que nous étudierons dans la troisième partie de ce travail.

CHAPITRE II.

DES EFFETS DE LA DÉLÉGATION.

Outre les effets que nous avons vus être la conséquence de toute novation, la délégation en produit encore d'autres qui lui sont propres, et que nous allons examiner.

Section Ire.
Des moyens de défense que le délégué peut opposer au délégataire.

Une fois la délégation opérée, le délégué est déchargé envers le délégant, et devient débiteur du délégataire. Mais il pouvait avoir des moyens de défense qu'il aurait pu opposer au délégant. Pourra-t-il également en faire usage contre le délégataire? Pas de doute, quand il a été délégué sans son consentement *per litis contestationem ;* le créancier ne peut pas, par son seul fait, enlever au délégué des sûretés ou des avantages auxquels celui-ci avait droit, sans la volonté de ce dernier ; le délégué cédé pourra donc toujours opposer au cessionnaire les exceptions qu'il avait contre le cédant.

Mais en est-il de même pour une délégation volontaire ? Il faut, pour répondre à cette question, procéder par distinctions, et examiner l'hypothèse où le délégué connaissait ses moyens de défense, et celle où il les ignorait.

I. — Les connaissait-il, et n'en a-t-il rien dit au délégataire? C'est qu'il a voulu y renoncer par libéralité envers le délégant, ou qu'il a été imprudent et négligent (L. 12, *h. tit.*) ; le délégataire ignorait au contraire l'existence de cette exception ; ou même, s'il la connaissait, *dissimulare debet, ne curiosus videatur* (L. 19, *h. tit.*). Le délégué ne pourra donc pas en faire usage.

II. — Le délégué ignorait-il ses moyens de défense? Deux cas peuvent se présenter : la délégation peut être faite à titre onéreux ou à titre gratuit.

PREMIER CAS. — *Délégation à titre onéreux.*

Ici le délégataire est véritablement créancier du délégant ; peu importe pour le moment que le délégué soit, ou non, débiteur du délégant ; dans les deux cas, on appliquera la règle générale comprise dans la loi 12 de notre titre, qui déclare que le délégataire n'aura pas à craindre de la part du délégué les exceptions que ce dernier aurait pu opposer au délégant. Et la raison en est bien simple : le créancier délégataire, en vertu de l'obligation que contracte envers lui le délégué, ne fait que retirer ce qui lui était dû par son ancien débiteur qu'il a libéré ; il n'est donc point juste de le faire souffrir de l'erreur du délégué, bien que celui-ci, n'ayant pas connu ses moyens de défense, ne doive pas être accusé d'imprudence ou d'avoir voulu faire une libéralité. Le délégataire, *quia suum recepit,* n'aura donc pas à craindre la *condictio indebiti* en cas de paiement (L. 44, *De condict. indeb.* D. 12, 6); mais le délégué aura un recours contre le délégant pour en obtenir, s'il n'a pas encore payé, sa libération au moyen de la *condictio incerti,* ou bien s'il a payé, recouvrer ce qu'il a déboursé au moyen, soit de la *condictio certi,* soit de l'action *mandati contraria;* car le mandant est tenu de rembourser au mandataire les impenses que ce dernier a faites dans l'exécution du mandat. Mais c'est une affaire particulière entre le délégant et le délégué, et qui ne regarde en aucune façon le délégataire : il a reçu ce qui lui était dû, et n'a point dès lors à s'occuper d'autre chose, *ne curiosus videatur,* comme dans l'hypothèse précédente.

Il en est de même pour les moyens de défense *ipso jure* opposables au délégant ; le délégué ne pourra pas davantage s'en servir contre le délégataire (L. 13, *h. tit.*).

A l'appui des règles que nous venons d'énoncer, les textes citent plusieurs hypothèses particulières que nous allons successivement examiner.

Dans la même loi 12, on suppose que j'ai, au moyen de manœuvres frauduleuses, décidé une personne à se laisser déléguer à mon créancier; elle ne pourra pas opposer à ce dernier l'exception de dol dont elle aurait pu se prévaloir contre moi. Mais il n'en serait plus de même si le délégant avait employé la violence à l'égard du délégué : celui-ci pourrait invoquer l'exception *quod metus causa,* même vis-à-vis du délégataire; car, à la différence de celle de dol, cette exception est *in rem,* c'est-à-dire opposable, non-seulement à l'auteur de la violence, mais encore à tous ceux qui voudraient en profiter, fussent-ils étrangers à cet acte (L. 4, § 33, *De doli mali et met., except.* D. 44, 4).

Si une femme, après avoir obtenu un engagement d'un tiers au moyen de dol, délègue ce débiteur à son mari pour le paiement de sa dot, le délégué ne pourra pas opposer au mari l'exception de dol qu'il avait contre la femme; car en stipulant de ce tiers, le mari ne reçoit pas une libéralité, mais il est acquéreur à titre onéreux : il a compté sur la dot pour supporter les charges du mariage, il ne faut pas qu'il soit trompé (L. 4, § 21, *De doli mali*).

La règle générale est donc parfaitement applicable à cette hypothèse, car le mari est ici un créancier ordinaire, *qui suum recepit;* et le délégué, du reste, aura contre la femme les voies de recours indiquées du délégué contre le délégant. Cependant, il faut faire une restriction pour le cas où le mari agirait contre le délégué après la dissolution du mariage; dans ce cas, en effet, le mari ne poursuit le recouvrement de la dot que pour la restituer à la femme; l'exception pourra donc lui être opposée *in eo duntaxat quod mulier receptura esset.* Le mari a dans certains cas le droit de retenir une partie de la dot de la femme : par exemple, lorsque le divorce a lieu par la faute de celle-ci; quant au reste de la dot, si le créancier oppose l'exception au mari jusqu'à concurrence de cette portion, ce sera en réalité comme s'il l'opposait à la femme même.

Il existait cependant dans l'ancien droit un cas où le délégué, se croyant à tort débiteur de la femme, pouvait opposer au mari les moyens de défense qu'il avait contre la femme : c'est quand cette dernière était engagée vis-à-vis de son mari par la *dotis dictio*. Dans ce contrat verbal, que nous avons étudié au commencement de ce travail, et qui consistait dans une promesse de dot faite au mari sans interrogation préalable de ce dernier, certaines personnes limitativement déterminées par la loi pouvaient seules figurer. La femme pouvait déléguer par *dotis dictio* son débiteur à son mari ; si le délégué n'était pas véritablement et réellement débiteur de la femme, la *dotis dictio* ne s'opérait pas ; en effet, les conditions exigées par la loi n'étaient pas accomplies, puisque la femme avait délégué quelqu'un qui n'était pas son débiteur. Dans ce cas, le délégué pouvait se prévaloir vis-à-vis du mari des moyens de défense qu'il aurait pu opposer à la femme.

Si cependant le délégué par *dotis dictio* était un ascendant paternel de la femme, il se serait trouvé obligé et n'aurait pu opposer aucune exception au mari ; sa seule qualité d'ascendant paternel de la femme suffisait pour rendre la *dotis dictio* valable ; il n'avait donc pas besoin d'être réellement son débiteur.

Du reste, cette hypothèse ne se présente plus dans le dernier état du droit, la *dictio dotis* étant, nous l'avons vu, tombée en désuétude longtemps avant Justinien.

Indépendamment de l'exception de dol, comme dit Paul, *idem est et in cæteris similibus exceptionibus : imo et in ea quæ ex senatus-consulto filiofamilias datur* (L. 19, h. tit.).

Ces derniers mots se réfèrent à l'exception du sénatus-consulte Macédonien, donnée aux fils de famille *odio creditoris* ; elle n'est pas opposable au délégataire, car il n'avait pas à s'enquérir s'il était, ou non, fils de famille, ni en vertu de quelle cause il était débiteur du délégant ; il n'a donc rien fait de contraire aux dispositions du sénatus-consulte.

La loi 19 continue en ces termes : *Diversum est in muliere quæ contra senatus-consultum promisit ; nam et in secunda promissione intercessio est.* Dans ce texte, il est question du sénatus-consulte Velléien, qui défend à la femme toute *intercessio* pour autrui ; ainsi, à la différence du sénatus-consulte Macédonien, la femme pourra opposer cette exception au délégataire, bien que

Marcellus soit d'une opinion contraire dans la loi 8, § 2, *Ad senatus-cons. Vell.* (D. 16, 1.).

Le principe énoncé dans la loi 12 s'applique également à l'exception de la loi Censia (L. 5, § 5, *De doli mali*). Cette loi, faite pour protéger le donateur contre ses propres libéralités, défendait de donner au delà d'une certaine quantité. Si une donation a été faite contrairement aux dispositions de cette loi, et que le donataire délègue le donateur à son créancier, le donateur ne pourra pas opposer l'exception de la loi Censia, parce que le créancier n'a reçu que ce qui lui était dû.

La loi 33 de notre titre s'occupe d'un cas spécial que les commentateurs modernes ont appelé le *bénéfice de compétence*. Ce bénéfice, qui n'est applicable qu'à certaines personnes déterminées, notamment au donateur vis-à-vis du donataire, consiste en ce que la condamnation prononcée contre le défendeur sera limitée à ses facultés et le dispensera de subir la contrainte par corps. Le texte nous dit que le donateur délégué par le donataire ne pourra pas opposer au délégataire l'exception qu'il avait contre le donataire de n'être condamné que jusqu'à concurrence de ses facultés, *quia creditor debitum persequitur.* Cette hypothèse est donc également régie par le principe général.

Mais le bénéfice de compétence est-il applicable au cas où le délégataire est un mari qui a stipulé la dot du donateur de sa femme? Pourra-t-il poursuivre ce dernier pour le tout, ou seulement *quatenus facere potest?* Si l'on ne consultait que la règle générale comprise dans la loi 19 de notre titre, il semble évidemment que le mari, comme tout autre délégataire, peut agir pour le tout. De plus, il y a un texte formel de Paul, la loi 41, *De re juridicata,* où le jurisconsulte, après avoir énoncé la règle générale et décidé que le créancier ne pouvait être arrêté par aucune exception, ajoute : *Cui similis est maritus, maxime si constante matrimonio petat.*

Mais Ulpien ne partage pas cette opinion dans la loi 33, *De jure dotium.* Le jurisconsulte, examinant la question de savoir si le mari supportera les risques de l'insolvabilité du délégué qui a promis la dot, distingue : si celui-ci avait promis la dot *ex neces-*

sitate, comme étant déjà débiteur de la femme, le mari sera responsable, car il est en faute de ne pas avoir poursuivi le délégué en temps utile ; si, au contraire, le délégué avait promis la dot *ex voluntate*, dans le but de faire une libéralité à la femme, *parcendum marito*, dit le texte, *qui cum non præcipitavit ad solutionem qui donaverat*, QUEMQUE IN ID QUOD FACERE POTEST, *si convenisset*, CONDEMNAVERAT. Le mari n'est donc pas en faute de n'avoir pas poursuivi le bienfaiteur de sa femme, *que, du reste, il n'aurait pu poursuivre que jusqu'à concurrence de ses facultés.*

Comment peut-on arriver à concilier ces textes contradictoires ? Cujas supplée au dernier texte au moyen de quelques mots qu'il y ajoute ; selon lui, il faut le lire ainsi : *Parcendum marito qui cum non præcipitavit ad solutionem, qui donaverat* MULIERI, *quemque* MULIER *in id quod facere potest, si ipsa convenisset, condemnatura erat;* c'est-à-dire que le mari n'est pas en faute de n'avoir pas fait plus que la femme elle-même n'aurait pu faire ; celle-ci n'aurait probablement pas voulu intenter d'action contre son bienfaiteur ; d'ailleurs, *elle* n'aurait pu le faire condamner que suivant ses facultés.

Cette explication, tout ingénieuse qu'elle est, ne nous semble pourtant pas admissible ; car il n'est point permis d'expliquer un texte en ajoutant des mots qui ne se trouvaient peut-être pas dans la pensée de l'auteur ; aussi préférons-nous dire avec M. Pellat (*Com. de jure dot.*, § 145), que le texte d'Ulpien est inconciliable avec les autres ; que son opinion, basée sur l'équité, refuse de reconnaître le mari comme délégataire ordinaire, car ce dernier est dans une position exceptionnelle ; il n'est point étranger aux relations du délégant et du délégué, et il ne doit point poursuivre celui-ci avec la même rigueur qu'un débiteur ordinaire, car il doit partager la reconnaissance de sa femme pour lui. L'opinion de Paul, au contraire, est uniquement basée sur le droit strict, et ne permet au donateur de réclamer le bénéfice de compétence que vis-à-vis du seul donataire.

En résumé, le délégataire à titre onéreux n'a point en général à se préoccuper des exceptions opposables au délégant par le délégué ; et cela, nous l'avons dit, par la bonne raison que le créancier n'a pas pu savoir les relations qui existaient entre l'un et l'autre, ou, s'il les connaissait, *dissimulare debet, ne curiosus videatur*.

Mais celui qui s'est ainsi laissé déléguer sans connaître ses moyens de défense, a évidemment un recours contre le délégant; on lui donne, comme nous l'avons vu, la *condictio certi*, s'il a payé, ou la *condictio incerti*, pour obtenir sa libération quand il n'a pas encore payé; ou, s'il le préfère, l'action *mandati contraria;* mais il ne pourra pas cumuler ces diverses actions.

Deuxième cas. — *Délégation à titre gratuit.*

Cette délégation, moins fréquente que la première, se rencontre quand la personne envers qui le délégué s'est obligé n'était point créancière du délégant, soit que le délégant fût lui-même dans l'erreur, soit qu'il voulût lui faire une donation (L. 2, §§ 3, 4, *De donat.* D. 39, 5. — L. 7, pr. et § 1, *De doli except.* D. 44, 4). Dans l'un et l'autre cas, le délégué qui s'était obligé envers le délégant dans la fausse persuasion qu'il était son débiteur, ne sera pas valablement obligé; il pourra refuser de payer, et se prévaloir vis-à-vis du délégataire des exceptions qu'il pouvait opposer au délégant. Cette décision est parfaitement juste; en effet, le créancier ne reçoit point, comme dans l'espèce précédente, une chose qui lui est due; il cherche, au contraire, à réaliser un gain; tandis que le délégué qui s'est obligé par erreur envers lui cherche à éviter une perte : aussi est-il plus équitable de protéger celui qui *certat de damno vitando* que celui qui *certat de lucro captando;* les textes accordent au délégué contre le délégataire, non-seulement une exception, mais encore une action, une *condictio incerti sine causa,* pour forcer le délégataire, avant toute poursuite, à éteindre son obligation en lui faisant acceptilation.

Section II.
Conséquences de l'insolvabilité du délégué.

Il nous reste, pour terminer les effets de la délégation, à examiner une question : si le délégué se trouve insolvable au moment des poursuites du délégataire, sur qui, du délégataire ou du délégué, retomberont les risques de l'insolvabilité? En principe, ce sera sur le délégataire. Par l'acceptation d'une nouvelle créance en remplacement de l'ancienne, celle-ci se trouve éteinte, et le créancier doit supporter les chances d'insolvabilité du second débiteur, comme il aurait supporté celles du premier ; en acceptant la délégation, il a suivi la solvabilité du débiteur qui lui était délégué : *nomen ejus secutus est*. Aussi n'a-t-il aucun recours contre le délégant, dans le cas où le délégué se trouve insolvable.

Ce principe souffre cependant quelques exceptions. La première a lieu quand la délégation est faite aux risques et périls du délégant. Dans ce cas, le créancier aura contre le délégant l'action *mandati contraria* pour se faire indemniser de la somme dont il n'a pu être payé, grâce à l'insolvabilité du délégué. Car en acceptant la délégation aux risques du délégant, il a contracté un véritable mandat avec ce dernier ; il doit donc être indemnisé de ce que lui coûte l'exécution de ce contrat, c'est-à-dire de la somme qu'il n'a pu obtenir du délégué (LL. 22, § 2 ; 45, § 7, *Mandati*. D. 17, 1).

Cependant, le délégant ne sera responsable dans cette hypothèse qu'autant qu'il ne pourra pas reprocher au délégataire de n'avoir pas fait les diligences nécessaires pour se procurer son paiement pendant que le débiteur était solvable ; car le mandataire n'a pas d'action pour se faire restituer ce qu'il a perdu par sa faute.

En second lieu, le délégant répond de l'insolvabilité du délégué, quand il a employé des manœuvres dolosives pour amener son créancier à accepter le débiteur pour délégué. Dans ce cas, le délégataire exercera son recours au moyen de l'action de dol.

Sur la règle ci-dessus, et sur les exceptions qui la limitent, tous les interprètes sont d'accord. Mais ils se divisent lorsque le délégataire est le mari qui, n'ayant pas encore reçu la dot promise, a, sur la délégation de la femme, stipulé d'un débiteur de celle-ci. Si ce débiteur devient insolvable, qui supportera l'insolvabilité?

Dans l'intérêt de la femme, on dit que le mari est, comme tout autre délégataire, sans recours contre le délégant, qui, par l'effet de la délégation, a éteint sa dette ; et que, pour mettre le mari hors de la règle commune, il faudrait une loi expresse, laquelle n'existe pas.

On s'appuie, en outre, sur la loi 6, *De pact. dotal.* (D. 23, 4), dont voici le texte : *Pomponius ait maritum non posse pacisci ut dolum solummodo in dotem præstet, videlicet propter utilitatem nubentium ; quamvis pacisci possit ne sit periculo ejus nomen debitoris qui ei dotem promisit.*

Ulpien, après avoir rapporté cette opinion de Pomponius, ajoute : *Nam et ut sit dos periculo mulieris pacisci cum posse probat.* — De là on conclut que puisque la loi accorde au mari la faculté de stipuler à son profit l'affranchissement des risques et de les rejeter sur sa femme, il y a donc preuve qu'ils sont de droit à sa charge.

Mais, d'un autre côté, dans l'intérêt du mari, on fait remarquer qu'Ulpien termine par ces mots : *Et per contrarium, ut ea dos, quæ periculo mulieris est, sit periculo mariti ;* et, employant le même argument en sens contraire, on dit que puisqu'on peut convenir que les risques seront pour le mari, il y a donc preuve qu'en principe ils sont pour la femme ; et les derniers mots du texte le disent expressément : *Quæ periculo mulieris est.*

Ainsi la convention des parties peut autoriser la libération du mari comme celle de la femme ; et dans l'intérêt de chacun d'eux, il semble qu'il y a un texte favorable.

D'où vient donc cette opposition dans le même texte? C'est que des deux côtés on a cru voir dans la loi un principe, tandis qu'elle ne s'occupe que de l'application d'une exception. Il est, nous le verrons, des textes nombreux qui mettent ces risques au compte de la femme. Mais il est des cas aussi où le mari en est chargé ; et c'est quand il est en faute, comme, par exemple, lorsqu'il a mis de la négligence à réclamer le paiement, ou quand il a suivi la foi du débiteur, et par là pris les risques à sa charge ; il répond d'ailleurs de ses fautes en général. Dès lors, le **texte n'a plus** rien d'ambigu : quand le mari ne veut répondre que de son dol,

le jurisconsulte s'y refuse ; mais sur le cas spécial de l'insolvabilité du débiteur, on lui permet de stipuler son affranchissement, bien que, par exception, il pût être tenu de répondre des
risques. Et c'est pourquoi Ulpien ajoute que Pomponius prouve,
en effet, que l'on peut convenir que les risques seront pour la
femme ; *comme aussi* on peut convenir qu'ils seront pour le mari.
Par là, le jurisconsulte répond à la responsabilité particulière de
chacun des époux ; mais dans tous les cas, il ne s'agit que d'une
hypothèse spéciale où la question de principe sur les risques reste
en dehors ; de sorte que les partisans du mari ne pourraient pas
plus argumenter de cette loi pour la question de principe, que
ceux de la femme, si ce n'était les derniers mots du texte, qui ne
permettent plus le doute sur l'obligation de celle-ci : *Quæ periculo mulieris est.*

Cette loi 6 ne peut donc pas servir aux intérêts de la femme ;
elle consacre au contraire la règle favorable au mari.

Mais elle n'est pas seule. Nous venons de dire qu'il y a dans le
même sens des textes nombreux. Nous y verrons à la fois le
principe de la responsabilité de la femme, et la responsabilité
exceptionnelle du mari. Nous allons en examiner trois :

1° Loi 41, § 3, *De jure dotium* (D. 23, 3). — *Si a debitore
mulieris sub conditione dos promittatur; et postea, sed antequam
maritus petere posset, debitor solvendo esse desierit, magis periculum ad mulierem pertinere placet; nec enim videri maritum
nomen secutum eo tempore quo exigere non poterit.* — Il ressort
bien de ce texte que la femme répond des risques, mais que le
mari en répondrait s'il eût suivi la foi du débiteur.

2° Même conclusion à tirer de la loi 71, *eod. tit.* : *Cum dotem
mulieris nomine extraneus promisit, mulieris periculum est. Sed
si maritus, nomen secutus, usuras exigerit, periculum ejus* FUTU-
RUM *respondetur.*

3° Enfin la loi 56, pr. *eod. tit.*, que l'on dirait faite pour la
question qui nous occupe, puisqu'elle est pour le cas d'une délégation faite par la femme au mari : *Si is qui Stichum mulieri
debet, in dotem delegatus sit (marito); et antequam solveret debitor Stichus decesserit, cum neque per debitorem stetisset quomi-*

nus solveret, neque maritus agendo moram fecisset, periculo mu-
lieris Stichus morietur : quanquam etiamsi moram maritus
fecerit in exigendo, si tamen apud maritum moriturus Stichus
fuerit, actione dotis maritus non teneatur.

Indépendamment de ces textes si formels, nous présenterons
une considération : c'est que le mari n'est pas un délégataire
ordinaire ; il est tenu de supporter les charges du mariage ; et,
n'ayant point reçu la dot, il serait pourtant obligé de la restituer.
Un délégataire ordinaire, au contraire, a fait un contrat aléatoire
dont il s'est contenté, et l'on comprend qu'il supporte une insolvabilité dont on ne saurait rendre le mari responsable. — En
conséquence, nous pensons que l'insolvabilité du délégué re-
tombe sur la femme seule.

CHAPITRE III.

DE L'INFLUENCE DU SÉNATUS-CONSULTE VELLÉIEN SUR LES DÉLÉGATIONS DANS LESQUELLES LA FEMME JOUE UN ROLE.

Quand une femme est intéressée dans une délégation, les règles que nous venons d'exposer ne sont pas toujours applicables ;
cela tient à ce que la femme ne peut pas *intercedere pro alio.*

L'*intercessio* est un acte par lequel on s'oblige personnellement
dans l'intérêt d'un tiers. Des édits d'Auguste et de Claude avaient
déjà défendu aux femmes de s'obliger pour leurs maris. Plus
tard intervint, sous Claude, le sénatus-consulte Velléien, qui eut
pour but d'empêcher les femmes de se porter *intercessores* pour
qui que ce fût, *ne fieri pro aliis,* comme dit la loi 2, *Ad sena-*
tus-cons. Vellei. (D. 16, 1) ; et de les protéger ainsi contre leur
inexpérience des affaires, et contre tout entraînement irréfléchi
et préjudiciable à leurs intérêts. Du reste, même après ce sénatus-consulte, la femme pouvait payer pour autrui, ou faire une
donation ; car le même danger n'était plus à craindre dans ces
cas, où il s'agissait de se dépouiller immédiatement de son bien ;
aussi la femme devait-elle comprendre toute l'importance d'un
dessaisissement actuel.

La femme ne peut pas renoncer à se prévaloir du sénatus-consulte, et après cela intercéder; sauf trois cas, où cette renonciation sera valable, et empêchera la femme qui a intercédé postérieurement d'opposer l'exception : 1° quand elle veut agir en justice pour ses parents malades, ou âgés, et n'ayant personne pour leur rendre ce service (L. 41, *De procur.* D. 3, 3); alors la femme *cavere debebit exceptione se non usuram, et sic ad judicem ire* (L. 23, § 4, *ad s.-c. Vell.*); 2° quand, âgée de vingt-cinq ans, elle renouvelle son *intercessio* deux ans après l'avoir faite (L. 22, C. *eod. tit.*); 3° lorsqu'elle veut être tutrice de ses descendants (N. 118, chap. 5).

Dans une délégation, la femme peut être, ou délégataire, ou déléguante, ou déléguée. — Pas de difficulté si elle est délégataire; car, dans ce cas, il n'y a point d'*intercessio.*

Si elle est déléguante, on appliquera également les règles ordinaires; car la délégation produit le même effet qu'un paiement; la femme se libère comme toute autre personne en déléguant son débiteur. Mais si le délégué n'était pas son débiteur, il aurait l'exception tout aussi bien que l'aurait le fidéjusseur de la femme, *quia totam obligationem senatus improbat*, dit Julien; on le dispense ainsi de l'action *mandati contraria* qu'il a contre la femme (LL. 16 et 8, §§ 4, 6, *eod. tit.*).

Mais le sénatus-consulte Velléien trouve son application quand la femme joue le rôle de déléguée, sans être débitrice du délégant. Il en est de même lorsqu'elle se porte *expromissor* pour un tiers; nous avons vu, en étudiant la novation par changement de débiteur, qu'il y a expromission quand un nouveau débiteur vient prendre la place de l'ancien sans le concours de ce dernier. C'est une véritable *intercessio;* elle est par conséquent interdite à la femme.

Dans ces hypothèses, elle pourra opposer au délégataire l'exception du sénatus-consulte; et cela, alors même que ce délégataire est un mineur; en effet, dit Gaïus (L. 12, *De minor. 25 ann.* D. 4, 4), celui-ci pourra agir contre son ancien débiteur. Mais si ce débiteur est insolvable, le jurisconsulte décide que la femme ne pourra plus invoquer le secours de son exception pour repousser les poursuites du mineur. Ce principe est applicable même quand le délégataire croyait que la femme était véritablement débitrice du délégant.

Mais si la femme est débitrice, ou si, en s'obligeant pour autrui, elle fait en même temps sa propre affaire, elle ne pourra pas opposer au créancier l'exception du sénatus-consulte. C'est ce que nous dit Paul dans la loi 24, pr. *eod. tit.* — Il en est de même si l'affaire dans laquelle elle était d'abord intervenue pour un tiers lui était devenue postérieurement personnelle (L. 21, pr. *eod. tit.*).

Si la femme s'est obligée *decipiendi animo*, ou en sachant bien qu'elle ne s'obligeait pas valablement, l'exception du sénatus-consulte lui sera également refusée (L. 30, pr. *eod. tit.*).

La délégation, nous l'avons vu, s'opère aussi *per litis contestationem*. Si une femme se présente en justice pour autrui, afin d'assumer sur elle la condamnation, il y a *intercessio* de sa part; elle sera considérée comme intervenant pour autrui : *suscipit enim in se alienam obligationem, quippe quum ex hac re subeat condemnationem* (L. 2, § 5, *eod. tit.*). Mais si elle s'est faite *procurator* d'un tiers qui, en cas de condamnation, aurait un recours contre elle, de son fidéjusseur par exemple, elle n'est point censée intervenir, et n'aura pas d'exception; car, en agissant ainsi, elle fait sa propre affaire.

Le sénatus-consulte Velléien léserait gravement les intérêts des créanciers, si la loi ne les rétablissait pas dans l'action qu'ils avaient contre le débiteur primitif, action qui avait été éteinte par l'intervention de la femme. C'est une sorte de restitution ordonnée par l'équité. Elle a lieu quand même le créancier aurait libéré son débiteur par acceptilation avant l'intervention de la femme (L. 8, § 7, *eod. tit.*); pourvu toutefois qu'il fût bien constaté que c'était, non par libéralité, mais en vue de cette intervention qu'il avait fait acceptilation. Le créancier recouvre sa créance telle qu'elle était avant son extinction; c'est-à-dire avec tous les avantages qui y étaient attachés, avant même que la femme ait payé, ou que la condition ou le terme qui affectait l'obligation de la femme soit arrivé : *Si mulier contra senatus-*

consultum intercesserit, æquum est non solum in veterem debitorem, sed et in fidejussores ejus actionem restitui : nam cum mulieris persona subtrahatur creditori propter senatus-consultum, integra causa pristina restituenda est (L. 14, cod. tit.).

TROISIÈME PARTIE.

DE LA NOVATION JUDICIAIRE OU DES EFFETS DE LA LITIS CONTESTATIO.

Le mot de *litis contestatio* a eu plusieurs significations. D'abord, sous le système des Actions de la loi, il désignait l'*invocatio* solennelle faite *utraque parte*, à certaines personnes, d'être témoins de ce qui avait eu lieu devant le magistrat : *testes estote*. Sous le système formulaire, ce fut la délivrance de la formule et la clôture du débat qui s'était passé *in jure* devant le magistrat. Enfin, sous le système de la procédure extraordinaire, la *litis contestatio* fut l'exposé sommaire de l'affaire et les conclusions prises par les parties devant le magistrat au commencement du débat.

Le principal effet de la *litis contestatio*, sous le système formulaire, était de fixer, par la délivrance de la formule, la position respective des parties dans le débat, et de faire naître entre elles l'obligation de subir l'instance et les conséquences qui pourraient en résulter. Cette obligation venait détruire, en le transformant, le droit sur lequel le demandeur appuyait sa prétention, de telle sorte qu'il ne pouvait plus désormais l'invoquer avec succès. (Gaïus, com. 3, § 180.)

Cette extinction du droit du demandeur pouvait avoir lieu de deux manières : soit *ipso jure*, soit *exceptionis ope*. Pour qu'elle eût lieu *ipso jure*, il fallait, nous dit Gaïus (Com. 4, §§ 104, 105), trois conditions :

1° Que le *judicium* fût *legitimum*, c'est-à-dire que l'instance fût introduite à Rome, ou dans un rayon d'un mille, devant l'*unus judex* citoyen romain, et entre citoyens romains ; si l'une de ces conditions venait à faire défaut, le *judicium* était *imperio continens*, et n'avait pas d'autre durée que celle du pouvoir du magistrat qui l'avait organisé;

2° Que l'action fût *in personam*, et non *in rem;*

3° Que la formule fût *concepta in jus*, et non *in factum.*

Si l'une de ces trois conditions venait à manquer, il ne restait plus au défendeur que la ressource de l'exception *rei judicatæ* ou *in judicium deductæ*, selon qu'il y avait eu jugement, ou que l'instance était pendante ou périmée. Mais sous le Bas-Empire, tous les *judicia* étaient devenus *imperio continentia;* et, que l'action fût personnelle ou réelle, il était toujours nécessaire d'avoir recours aux exceptions. (Inst., liv. IV, 13, § 5.)

Il ne peut donc plus être question sous Justinien de novation effectuée au moyen de la *litis contestatio;* c'est sous le système formulaire qu'il faut se placer pour étudier si réellement la *litis contestatio*, intervenant dans les conditions ci-dessus énoncées, peut opérer novation.

La question paraît douteuse, quand on voit que Gaïus, après avoir traité successivement tous les modes d'extinction des obligations, ajoute : *Tollitur adhuc obligatio litis contestatione;* ce qui semble dire que la *litis contestatio* était un mode particulier d'extinction. De plus, comme nous le verrons un peu plus loin, il y avait de grandes différences entre la novation volontaire et la *litis contestatio*. Cependant plusieurs jurisconsultes anciens, et parmi eux Papinien (*Fragm. Vatic.*, § 263), emploient les mots de *novatio* ou de *delegatio* à propos de la *litis contestatio;* Ulpien les met toutes les deux sur la même ligne (L. 11, § 1, *h. tit.*); Paul établit un parallèle entre la *novatio voluntaria* et le *judicium acceptum* (L. 29, *h. tit.*); et il n'emploierait certainement pas les mots de novation volontaire, si la novation ne pouvait s'opérer que volontairement. Du reste, n'y a-t-il pas une obligation nouvelle qui vient se substituer à une ancienne, laquelle se trouve par là même éteinte? La *litis contestatio* opère donc une véritable novation, qu'on a appelée *judiciaire*. On lui a donné également le nom de novation *forcée*, mais à tort; car cette dénomination n'est bonne que lorsque c'est le débiteur lui-même qui figure au procès; et elle devient inexacte quand c'est un *expro-*

missor ou un délégué qui s'offre au procès pour le débiteur, car c'est là un acte tout volontaire.

La novation judiciaire se distingue sous plusieurs rapports de la novation volontaire. Ainsi, il se peut que la première laisse subsister une obligation naturelle : par exemple, si un vrai débiteur avait été absous, il y aurait de sa part une obligation naturelle; sans doute, on ne pourrait pas la lui opposer, car il y a chose jugée; mais s'il a payé volontairement, il ne peut plus répéter (L. 60, pr. *De condict. indeb.*). La novation volontaire, au contraire, éteint radicalement la première obligation.

La première a lieu alors même que les parties auraient dit que telle n'était pas leur intention; c'est le contraire pour la seconde.

La capacité n'est pas la même pour l'une que pour l'autre ; ainsi les fils de famille ne peuvent pas nover par la *litis contestatio*, car les actions qu'ils intentent sont rédigées *in factum.* (LL. 9 et 13, *De oblig. et act.* D. 44, 7.)

La *litis contestatio* n'éteint ni les priviléges (L. 29, *h. tit.*), ni les gages (L. 11, pr., et § 1, *De pign. act.* D. 13, 7), ni les hypothèques (L. 13, § 4, *De pign. et hyp.* D. 20, 1) qui garantissaient la créance primitive : et rien n'est plus équitable; car le créancier n'a exigé ces sûretés que pour le cas où le débiteur n'accomplirait pas ses engagements; ce cas est arrivé, puisqu'il est obligé d'exercer des poursuites; il ne faut donc pas qu'il soit en quelque sorte puni par la perte des garanties qui accompagnaient son droit.

La novation judiciaire n'enlève pas aux créanciers héréditaires le bénéfice de la séparation des patrimoines, dont ils sont privés par la novation volontaire. (LL. 7 et 1, § 10, *De separat.* D. 42, 6.)

Enfin, elle n'interrompt pas le cours des intérêts. C'est ce que nous dit la loi 1 au Code *De judiciis* (3, 1). Cependant les mots : *Lite contestata usurae currunt,* de la loi 35 *De usuris* (D. 22, 1), ont été entendus par quelques auteurs en ce sens que la *litis contestatio* faisait courir les intérêts d'une dette qui n'en produisait pas auparavant. Mais nous croyons que c'est inexact ; car il suffit de rapprocher de cette loi 35 la loi 18 de notre titre; toutes deux sont extraites du livre 57 de Paul, *ad edictum*. La loi 18 dit : *Novatione legitime facta liberantur hypothecæ et pignus, usuræ non currunt*. Paul a voulu évidemment établir une différence entre la novation et la *litis contestatio;* par la novation, les intérêts sont arrêtés; dans la *litis contestatio,* au contraire, ils continuent à être dus. Donc, la loi 35 ne signifie pas que les intérêts courent par l'effet de la *litis contestatio;* il faut qu'ils soient convenus d'avance.

En somme, le principe général qui domine toute la matière, c'est que le créancier, en exerçant son action, ne peut pas empirer sa position; il ne peut que l'améliorer. Son droit devient plus stable, en ce sens que les actions intransmissibles deviennent transmissibles, et que les actions temporaires deviennent perpétuelles.

Cependant, quand un créancier poursuit l'un de ses débiteurs solidaires, les autres se trouvent libérés; et lorsque le créancier poursuit le débiteur principal, l'obligation du fidéjusseur est éteinte. La position du créancier n'est donc point améliorée; elle devient au contraire moins avantageuse que précédemment par la perte de ses sûretés. Quelques personnes y voient une exception au principe général, et en attribuent la cause à la *litis contestatio.* Nous ne pouvons partager cette opinion, et nous croyons que la libération des codébiteurs ou du fidéjusseur n'est point le résultat de la novation judiciaire, mais uniquement de ce principe que, la stipulation étant un contrat de droit strict, la chose due ne peut être demandée qu'une fois, et que l'action est éteinte *unius electione*, par le choix d'un des coobligés; ce qui le prouve bien, c'est qu'il n'en est pas ainsi dans les contrats de bonne foi : *non enim electione, sed solutione liberantur* (L. 1, § 43, *Depos. vel cont.* D. 16, 3).—Paul, dans ses Sentences (liv. II, t. 17, § 15), nous dit : *Electo reo principali, fidejussor vel heres ejus liberantur.* — En outre, plusieurs textes, parlant de la règle que les coobligés sont libérés par cela seul que le créancier poursuit l'un deux, ne font aucune distinction entre les *judicia legitima* et les *judicia imperio continentia;* si c'était la novation

judiciaire qui produisît ce résultat, cette distinction serait nécessaire, puisque la novation n'a lieu que dans les *judicia legitima;*
et on ne trouverait plus, comme on le voit dans la loi 28, *De fidejuss.* (C. 8, 41), de trace de ce résultat après que tous les *judicia*
sont devenus *imperio continentia.* Il est donc hors de doute que
la perte que le créancier fait de ses garanties n'est point un effet
de la *litis contestatio,* mais de l'*electio* qu'il a faite d'un de ses
coobligés qui doit payer la dette.

Pour les mêmes raisons, nous dirons que le créancier solidaire
qui obtient la délivrance d'une formule contre le débiteur éteint
le droit de ses cocréanciers, et s'attribue seul le bénéfice de la
créance, s'il n'y a pas eu de société entre lui et ses cocréanciers
(L. 31, § 1, *h. tit.*).

Enfin, nous terminerons en disant que la *sententia* produisait
des effets semblables à ceux de la *litis contestatio;* elle réalisait
l'obligation d'être jugé qu'avait engendrée la *litis contestatio,* en
faisant naître une obligation nouvelle pour le condamné, consis-
tant à exécuter la sentence. C'est ce que nous indique Gaïus dans
son Commentaire 3, § 180 : *Ante litem contestatam, debitorem
dare oportere; post litem contestatam, condemnari oportere; post
condemnationem, judicatum facere oportere.*

DROIT FRANÇAIS

DE LA NOVATION

(Code civil, art. 1271 à 1281.)

En droit français comme en droit romain, la novation est la substitution d'une nouvelle obligation à une précédente, qui se trouve ainsi éteinte. C'est, après le paiement, l'un des modes les plus fréquents et les plus utiles d'extinction des obligations; mais elle en diffère en ce qu'elle est à la fois extinctive et productive d'obligations.

La novation a également de l'analogie avec la dation en paiement; mais au lieu de procurer au créancier la propriété d'un nouvel objet, elle lui attribue une nouvelle créance. Elle a aussi plusieurs points de ressemblance avec d'autres opérations juridiques, que nous aurons occasion d'étudier plus tard.

Nous diviserons ce travail en deux parties : dans la première, nous examinerons les éléments constitutifs et les effets de la novation ordinaire; et nous consacrerons la seconde à la novation par délégation et aux règles qui lui sont spéciales.

PREMIÈRE PARTIE.

DES ÉLÉMENTS CONSTITUTIFS ET DES EFFETS DE LA NOVATION.

Pour que la novation puisse s'opérer, il suffit de trois conditions : 1° l'existence de deux obligations, dont l'une remplace l'autre ; 2° la capacité des parties ; 3° l'intention de nover. Le Code, à la différence des lois romaines, n'exige point l'emploi de formes spéciales présidant à la création de la deuxième obligation.

Après avoir successivement étudié ces différentes conditions, nous verrons de quelles manières peut s'opérer la novation, et enfin les effets qu'elle produit.

CHAPITRE Ier.

DE L'OBLIGATION A NOVER ET DE CELLE QUI NOVE.

Nous avons dit que ce qui constitue le caractère fondamental de la novation, c'est l'existence de deux obligations, dont la seconde éteint la première. On doit donc considérer deux choses essentielles dans la novation : l'ancienne obligation qu'on veut éteindre, et la nouvelle qu'on veut lui substituer. Ces deux conventions sont la condition l'une de l'autre. Si la première obligation était nulle, comme fondée, par exemple, sur une cause illicite ou immorale, la nouvelle n'opérerait pas novation, parce que la première n'aurait pas d'existence légale. Réciproquement, si la nouvelle obligation était nulle dans son principe, la novation serait également impossible.

Mais supposons maintenant la première obligation valable, et la seconde annulable; quel sera le sort de la première? Dans ce cas, deux hypothèses à vérifier.

En premier lieu, l'obligation annulable n'a pas été attaquée dans les délais de la loi; elle a donc acquis, par le silence de la partie intéressée, le complément de validité qui lui manquait; elle a par conséquent dû produire son effet comme si aucun vice ne l'eût entachée, et dès lors il y a eu novation.

Mais si le motif de l'annulation était l'incapacité, il faut distinguer : tout individu qui contracte doit connaître la capacité de la personne avec laquelle il traite; et par application de ce principe, l'article 1125 du Code civil décide que le majeur est lié, quoique le mineur ne le soit pas; la solution à donner dépendra donc de cette circonstance, que l'un des contractants est lié et que l'autre ne l'est pas. Dans l'hypothèse précédente, il est possible que le droit de faire annuler appartienne indifféremment à l'une ou à l'autre des parties; ici, il n'appartient qu'à une seule; mais le résultat est le même si la partie qui peut se plaindre ne le fait pas.

Passons maintenant à la seconde hypothèse, celle où est intervenu un jugement qui annule la seconde obligation : nous n'hésitons pas à décider que l'obligation primitive n'est pas éteinte; en effet, pour qu'il y ait extinction d'une obligation, il faut qu'il y ait une obligation nouvelle; or, cette nouvelle obligation n'existe pas ici; car, par l'effet rétroactif du jugement qui l'a annulée, elle est censée n'avoir jamais eu lieu, et, par suite, la novation n'a pas pu s'opérer.

Il est évident, du reste, que s'il résultait des circonstances que l'intention des parties a été de substituer, d'une manière définitive, une obligation annulable à une valable, on devrait décider que la novation a lieu, et que l'obligation première est et reste éteinte. En effet, rien n'empêche le créancier d'accorder une remise éventuelle de la dette, puisqu'il aurait pu en accorder la remise pure et simple. Mais il faut pour cela qu'il apparaisse de la manière la plus évidente que le créancier a voulu suivre la foi du débiteur; car cette renonciation à son droit, qui serait une libéralité de sa part, ne saurait se présumer.

A l'inverse, déciderons-nous qu'une dette annulable peut être novée par une valable? Il faut, pensons-nous, distinguer suivant que le débiteur connaissait le vice de l'obligation qu'il novait, ou qu'il l'ignorait. Dans le premier cas, il y aura novation; car le débiteur est censé avoir voulu renoncer à l'action en nullité de son obligation, puisque l'exécution volontaire d'une obligation dans les formes et à l'époque déterminées par la loi équivaut, d'après l'article 1338, à une ratification. Dans le second cas, au contraire, la novation ne sera pas possible; en effet, le débiteur qui ignorait le vice de la première obligation n'a nullement renoncé au droit d'en demander la nullité; or, si la nullité en est prononcée, cette obligation sera censée n'avoir jamais existé; donc, un des éléments essentiels manquant, il en résulte que la novation n'aura jamais eu lieu. Cette décision sera applicable, lors même que la seconde obligation aurait été contractée entre le créancier et un nouveau débiteur; car cette nouvelle convention ne peut pas enlever au débiteur primitif son action en nullité; et s'il la fait annuler, la novation manque de base; sauf, dans le cas d'annulation, le recours du nouveau débiteur contre le créancier en paiement de l'indu, s'il s'est engagé envers ce dernier dans l'ignorance du vice.

Il peut se faire que l'une des deux obligations soit affectée d'un terme ou d'une condition. Si c'est un terme, la novation s'opère immédiatement; et si le terme affecte la première obligation, il ne sera pas censé répété dans la seconde; car, à moins de réserves expresses, la novation éteint la dette primitive avec tous ses accessoires.

Mais quand l'une des obligations est subordonnée à une condition, la novation sera-t-elle conditionnelle, comme en droit romain? Nous ne saurions admettre des principes aussi absolus; car, dans notre droit, il faut rechercher dans les conventions quelle a été la commune intention des parties, plutôt que de s'arrêter au sens littéral des termes (art. 1156). Sans doute, si l'on reconnaît que les contractants ont entendu ne substituer la seconde obligation à la première qu'autant qu'il y aura accomplissement de la condition imposée à l'une d'elles, on devra respecter leur volonté et décider que la novation elle-même sera conditionnelle. Mais s'il résulte, au contraire, de l'intention des parties, exprimée formellement ou démontrée par les circonstances, qu'elles ont voulu substituer dès à présent une dette certaine à une dette éventuelle, ou réciproquement, ces opérations devront être considérées comme des contrats aléatoires et exécutées comme telles, car elles n'ont rien de contraire à la loi.

Une obligation naturelle peut être la matière d'une novation. Ainsi, le failli concordataire peut valablement s'obliger à payer ce qui excède le dividende promis, parce qu'il en reste tenu naturellement; cette nouvelle obligation trouvant sa cause dans une dette naturelle opère novation. Mais certains auteurs ont repoussé cette idée d'obligation naturelle dans le cas ci-dessus, en disant que l'article 604 du Code de commerce exigeait du débiteur qui veut obtenir sa réhabilitation le paiement de toutes ses dettes en capital, intérêts et frais, et que par conséquent il y a là une sorte d'obligation civile, et non pas seulement une obligation naturelle, puisque le débiteur qui ne paie pas est frappé d'une incapacité. A cela nous répondrons que la loi ne le force pas directement à accomplir son obligation; que la réhabilitation n'est qu'un simple encouragement qu'on offre au failli, et il n'y a au profit du créancier aucun moyen de coercition; ce qui prouve bien que le Code ne considère l'obligation du failli que comme une dette naturelle, pouvant par conséquent servir de base à la novation. Il en est de même pour les dettes de jeu, puisqu'elles constituent une obligation naturelle.

Pour que la novation puisse s'opérer, il suffit qu'il y ait deux obligations, dont la seconde éteint la première; il n'est pas nécessaire qu'il y ait entre elles un temps quelconque, car tout peut se faire dans le même contrat. Tel serait le cas d'une vente qui serait faite moyennant un prix fixé que l'acquéreur chargerait un tiers de payer à son acquit au vendeur, qui accepterait ce tiers pour unique débiteur.

Si l'obligation antérieure est éteinte au moment où la seconde est contractée, la novation doit être considérée comme non avenue, à moins que la chose due n'ait péri par la faute du débiteur ou pendant sa mise en demeure ; dans ce cas, la novation pourra s'opérer, car les dommages-intérêts ont pris la place de l'objet dû, et constituent une dette susceptible d'être novée.

Une seule obligation peut nover du même coup plusieurs dettes préexistantes. Ainsi je vous dois ma maison et un champ ; vous pouvez me libérer des deux, moyennant une somme déterminée, que je m'engage à vous payer. Il en serait de même si plusieurs débiteurs se réunissaient dans le même contrat.

CHAPITRE II.

DES PERSONNES QUI PEUVENT NOVER.

Pour faire une novation, il faut, comme pour tout autre contrat, être maître de ses droits et capable de contracter. Pothier, dans son *Traité des Obligations* (n° 590), enseigne que la novation étant quelque chose d'équipollent, quant à l'extinction de la dette, au paiement, il n'y a que ceux à qui on peut payer valablement qui puissent faire novation. Ce qui ne veut pas dire que tous ceux qui peuvent recevoir peuvent faire novation ; car, aujourd'hui comme en droit romain, il y a des personnes qui ont la capacité de recevoir un paiement sans avoir pour cela celle de nover. Ainsi celui qui a été indiqué pour recevoir un paiement, l'*adjectus solutionis gratia,* ne peut pas faire de novation, car il n'en a point reçu l'autorisation (art. 1277) ; de même le mandataire général, car la novation exige la capacité d'aliéner, qu'il n'a pas (art. 1988) ; et cependant on peut leur payer valablement. Comme la novation est un contrat qui éteint l'ancienne dette pour lui en substituer une nouvelle, il faut nécessairement, pour rendre la novation valable, que le créancier et le débiteur aient la capacité, l'un de remettre l'ancienne obligation, l'autre de contracter la nouvelle. Tel est le sens qu'il faut donner à l'article 1272 du Code, qui dit que « la novation ne peut s'opérer qu'entre personnes capables de contracter. » Ce principe sert à résoudre toutes les questions qui peuvent s'élever sur cette matière.

Ainsi, pour savoir si la novation faite par un mineur, un interdit, une femme mariée, est valable, il faut recourir au principe général de l'article 1125, qui dit qu'ils ne peuvent, pour cause d'incapacité, attaquer leurs engagements que dans les cas prévus par la loi, et que les personnes capables de contracter ne peuvent opposer l'incapacité du mineur, de l'interdit ou de la femme mariée avec qui elles ont contracté. En sorte que si un incapable a fait novation de sa dette ou de sa créance, il pourra, s'il la juge désavantageuse pour lui, demander la nullité de l'acte qui a opéré novation dans les délais de l'article 1304; mais l'autre partie ne le pourra pas. Si la nullité est prononcée, les choses seront remises dans leur état primitif. Il n'y aura donc pas novation, parce qu'il manquera une seconde obligation.

Cependant, en ce qui concerne les femmes mariées, nous ferons une distinction : les femmes séparées de biens peuvent disposer de leur mobilier et l'aliéner, d'après l'article 1449 ; nous en conclurons qu'elles peuvent nover leurs créances mobilières. — Quant au mineur émancipé, quelques auteurs, argumentant de l'article 481, qui lui donne le droit de percevoir ses revenus et d'en donner décharge, en déduisent cette conséquence qu'il peut en faire novation sans son curateur. Nous n'admettons pas cette opinion, car, nous l'avons vu, la capacité de recevoir un paiement n'implique pas toujours celle de nover. De plus, la loi lui a donné une capacité moins étendue qu'à la femme séparée, car celle-ci a la *libre* administration de sa fortune, tandis que le mineur émancipé ne peut faire que les actes de *pure* administration. Les deux positions sont donc très-différentes, et l'on peut parfaitement décider que la capacité de nover est plus étendue dans un cas que dans l'autre.

Quant à l'individu pourvu d'un conseil judiciaire, il ne pourra en général pas faire de novation, car la loi lui défend d'aliéner sans l'assistance de son conseil (art. 513) ; mais il pourra faire seul une novation quand elle ne constituera qu'un acte d'administration, ou qu'elle n'occasionnera point l'aliénation d'un droit, car la loi ne lui retire pas l'administration de ses biens.

Le tuteur, représentant légal du mineur dans tous les actes de la vie civile, étant chargé d'aliéner les meubles corporels de son

pupille et de recevoir les sommes mobilières qui lui sont dues, peut, sous sa responsabilité, faire pour raison de ces créances tout acte emportant novation.

L'usufruitier peut aussi consentir la novation quant aux produits des créances dont il a l'usufruit, puisque, comme le tuteur, il peut recevoir les revenus, en donner décharge, et faire, sous sa responsabilité, toute convention emportant novation quant aux revenus seulement.

Quant aux droits du mari relativement aux créances de sa femme, il faut distinguer sous quel régime les époux sont mariés. Sous le régime exclusif de communauté, le mari n'est qu'un administrateur ordinaire ; il ne pourra donc pas nover les créances de celle-ci, à moins que la novation ne porte sur les revenus : car ce ne serait alors qu'un acte d'administration.

Sous le régime de la séparation de biens, que la séparation soit contractuelle ou judiciaire, le mari ne pourra nover les créances mobilières de sa femme, car elle a seule l'administration de sa fortune. Mais si celle-ci veut nover une créance immobilière, il lui faudra, selon la règle générale, l'autorisation de son mari ou de la justice.

La même solution doit s'appliquer au régime dotal, bien que quelques auteurs aient soutenu le contraire, disant qu'empêcher le mari de nover les créances dotales serait aller contre l'intérêt de la femme elle-même, parce que la novation est souvent le seul moyen de tirer parti d'une créance peu sûre ; et si le mari fait une mauvaise opération en novant, il en sera responsable vis-à-vis de sa femme pour avoir détérioré sa dot par sa négligence. Nous ne partageons pas cette opinion, car, bien que le mari ait sous le régime dotal des pouvoirs très-étendus, notamment l'exercice des actions pétitoires et possessoires, rien n'indique pour cela qu'il ait le droit d'aliéner ou de nover les créances de la femme, qui, seule, a le droit d'en disposer.

Si les époux sont mariés sous le régime de la communauté légale, le mari peut nover les créances mobilières appartenant à la femme qui sont tombées dans la communauté, car il peut les aliéner en qualité d'administrateur de la communauté (art. 1421).

Mais si ces créances ne sont pas tombées en communauté, pourra-t-il les nover? Cela dépend de la question de savoir si le mari peut, ou non, les aliéner. C'est un point fort controversé.

Dans un premier système, on soutient que le mari peut aliéner seul les propres mobiliers de sa femme, et l'on se fonde d'abord sur l'article 1428, qui défend au mari d'aliéner les immeubles de sa femme sans son consentement; d'où l'on conclut *a contrario* qu'il peut aliéner les meubles propres de la femme. — C'était, du reste, l'opinion des anciens jurisconsultes: Pothier refusait au mari le droit d'aliéner les immeubles de la femme, mais l'accordait pour les meubles; car, disait-il, les époux peuvent jouir des immeubles sans en consommer le fonds; tandis que les meubles se consomment *primo usu* ou par un long usage; par conséquent, il pourrait y avoir de l'inconvénient à refuser au mari le droit de les aliéner; cette défense entraverait l'administration et la jouissance de la communauté, tandis que ce n'est pas à craindre quand il s'agit d'immeubles. — Le Code a adopté l'idée de Pothier. L'article 1503 ne fait que reproduire ses expressions; il nous dit: « Chaque époux a le droit de reprendre et de prélever, lors de la dissolution de la communauté, la valeur de ce dont ce mobilier, qu'il a apporté lors du mariage ou qui lui est échu depuis, excédait sa mise en communauté. » Le Code emploie le mot de *valeur*; ce mot ne prouve-t-il pas que la communauté devient propriétaire, à charge de récompense, et que la femme n'a plus qu'un droit de créance? — Enfin, l'aliénation des propres mobiliers doit être permise au mari dans l'intérêt même de la femme; car étant créancière de la valeur des meubles, elle sera plus favorisée que si elle avait à reprendre les meubles eux-mêmes, dépréciés par l'usage. « Par cette combinaison, dit M. Troplong, le régime de la communauté concilie tous les droits: d'une part, il veille aux intérêts de l'époux; il empêche qu'ils ne périssent; de l'autre, il ne gêne pas à l'égard des étrangers le commerce de choses qu'il est très-souvent utile d'aliéner. »

Les partisans du second système décident que le mari ne peut pas aliéner les propres mobiliers de sa femme sans son consentement. En effet, disent-ils, la femme, en stipulant que son mobilier sera exclu de la communauté, a évidemment voulu en conserver la propriété ; par conséquent, elle a seule le droit d'en disposer. — Examinons la loi. L'article 818 refuse au mari, aussi bien pour les meubles que pour les immeubles, l'action en partage des successions échues à sa femme, du moment que ces meubles et immeubles ne doivent pas tomber dans la communauté ; ce qui prouve bien que la loi ne veut pas que le mari puisse disposer des uns plus que des autres.

La qualité de propriétaire du mobilier que la femme a conservée ne pourrait être annihilée que par une disposition expresse de la loi. Or, elle n'existe pas. — Les articles 1428 et 1503, invoqués à l'appui de l'opinion contraire, ne le prouvent nullement. L'article 1428, qui défend au mari d'aliéner les immeubles personnels de la femme sans son consentement, invoqué par l'argument *a contrario,* ne peut recevoir ici d'application. Il n'avait pas à s'occuper du mobilier, qui avait déjà une disposition expresse. Cet article, en effet, est au titre de la communauté légale ; or, l'article 1401 déclare que le mobilier des époux, soit existant au moment du mariage, soit échu depuis, entre en communauté, à moins que pour ce dernier, il n'y ait dans la donation ou le legs une disposition contraire. Le mobilier de la femme étant ainsi entré en communauté, tandis que ses immeubles n'y entraient pas, il est naturel que l'article 1428 exigeât le consentement de la femme pour l'aliénation de ses immeubles et fût muet sur son mobilier, qui ne lui était pas demeuré propre.

L'article 1503 n'est pas plus applicable. Si le mobilier de la femme a été exclu de la communauté en vertu de l'article 1500, ce n'est pas comme maître de la communauté que le mari aura eu qualité pour en disposer ; mais il a en main les actions mobilières de sa femme ; et s'il a reçu le mobilier, il a eu, non le droit, mais la possibilité de le faire. Alors est née l'action en reprises de la femme. Voilà l'esprit de l'article 1503 ; mais le recours accordé à la femme contre l'abus du mari ne peut tourner contre elle et ne porte aucune atteinte au principe qu'au propriétaire seul appartient la disposition de la propriété.

Il faut remarquer d'ailleurs l'hypothèse particulière de cet article : il s'occupe d'un apport dans la communauté, c'est-à-dire qu'il suppose que le mobilier est entré en communauté. Sur ce mobilier, une partie appartenait à la communauté, l'autre restait propre à l'époux qui avait fait l'apport. Quelle portion? On l'ignorait probablement au moment de l'apport, sans quoi l'on n'aurait apporté que la quantité promise. Dans ces circonstances, rien de surprenant que le mari, maître de la communauté, eût disposé de cet apport au delà de ce dont un règlement déterminerait la quotité; et, pour ce cas, la loi accorde un recours à l'époux propriétaire de l'excédant. On voit que cela n'a aucun rapport avec la situation d'une femme dont le mobilier déclaré propre n'est pas entré un seul instant dans la communauté.

Quant à la considération présentée par Pothier, nous dirons qu'elle est juste pour les choses fongibles et pour les meubles qui se consomment ou se détériorent par l'usage; mais il n'en est pas de même quand il s'agit d'objets incorporels; sans cela, tout usufruitier de ces sortes de meubles aurait le droit de les aliéner, afin de n'être pas gêné dans sa jouissance. Or, dans les articles 588, 589, 1531, 1566 et 1567, nous voyons des personnes qui ont la jouissance, sans avoir pour cela la libre disposition.

De même, la considération de l'intérêt que peut avoir la femme à ce que le mari puisse aliéner ses propres mobiliers, peut être juste pour les choses fongibles, mais inexacte pour les autres; une créance, par exemple, ne se détériore pas par l'usage. De plus, pour invoquer l'intérêt de la femme comme argument, il faudrait que cet intérêt existât dans tous les cas. Or, qu'arrivera-t-il si le mari a dissipé toute la communauté, et, avec elle, le mobilier personnel de la femme? Cette dernière aura-t-elle à se réjouir de la faculté que le mari aura eu de vendre son bien? Cette considération ne nous touche donc nullement. Il est d'ailleurs si simple de résoudre toutes les difficultés : il suffit que le mari remplisse loyalement son devoir en demandant à la femme son consentement avant de disposer de ce qui lui est propre. La femme certainement ne le refusera jamais, à moins qu'il n'y eût danger à l'accorder; et, dans ce cas, la nécessité du consentement serait une garantie pour elle.

Concluons. La femme est propriétaire de son mobilier qui n'est pas entré en communauté, et un propriétaire seul a le droit de disposer de sa propriété. Nous sommes donc d'avis que le mari ne peut pas aliéner et, par conséquent, pas nover les créances mobilières de sa femme sans son consentement.

Un des créanciers solidaires peut-il faire novation de la créance commune? En droit romain, malgré les controverses dont cette question était l'objet, on reconnaissait généralement qu'un créancier solidaire pouvait nover pour le tout; et cela se comprenait, puisqu'il pouvait faire acceptilation tout seul et que chacun des *correi stipulandi* était considéré comme seul maître de la créance. Mais chez nous, les créanciers solidaires ne sont que des mandataires les uns des autres à l'effet de poursuivre le remboursement ou de faire les actes nécessaires à la conservation et à l'amélioration de la créance. L'article 1198 décide que la remise faite par l'un des créanciers solidaires ne libère le débiteur que pour la part de ce créancier; par conséquent, la novation qu'il a consentie n'est valable que pour sa part, et ne peut pas nuire aux autres créanciers.

Si cependant l'un des créanciers, l'un des associés par exemple, avait le pouvoir de contracter au nom de toute la société et de l'engager, la novation qu'il consentirait serait valable, même pour la part de ses coassociés.

Quant à la novation consentie en faveur de l'un des débiteurs solidaires, elle libère les autres, puisqu'elle éteint la dette (art. 1281); mais ils ne sont point liés par la nouvelle obligation que le débiteur qui a fait novation y a substituée; ce dernier acquiert seulement le droit de demander à chacun d'eux leur part dans l'ancienne dette qu'il a acquittée.

CHAPITRE III.
DE L'INTENTION DE NOVER.

Dans le dernier état du droit romain, nous l'avons vu, la novation n'avait lieu qu'autant que les parties avaient déclaré en termes exprès leur intention de substituer la seconde obligation à la première. La jurisprudence française n'avait pas adopté la rigueur de ce principe; il suffisait que, de quelque manière que ce fût, la volonté de faire novation parût si évidente, qu'elle ne pût être révoquée en doute. C'est la doctrine qu'a consacrée le Code dans l'article 1273. « La novation ne se présume point; il faut que la volonté de l'opérer résulte clairement de l'acte. »

Ainsi la loi ne prescrit aucune formule sacramentelle pour faire une novation; mais comme il s'agit de déroger à un droit acquis, d'éteindre une obligation et de la remplacer par une autre, il faut que cette double intention résulte clairement de l'acte et qu'il ne puisse s'élever aucun doute, aucune équivoque sur la volonté des parties contractantes de faire novation.

Cette volonté résultera de l'acte nouveau, d'abord quand il a été expressément, ou d'une manière équivalente, déclaré que la première obligation est éteinte ou que le créancier en a fait remise; s'il était dit, par exemple, que le créancier se contente de la seconde obligation au lieu de la première, il est évident qu'il y aurait novation, bien que le mot n'y soit pas prononcé.

L'intention de nover résultera encore nécessairement de la seconde obligation, quand cette dernière sera tout à fait incompatible avec la première. Si, par exemple, un locataire conserve à titre de prêt ce qu'il devait à titre de louage, ou qu'un acheteur garde comme dépositaire le prix de la vente qui lui a été faite, la volonté de faire novation est certaine dans ces deux cas; car on ne peut pas être débiteur d'une même somme à deux titres différents.

Mais il en serait autrement si l'incompatibilité, au lieu d'être complète, n'était que partielle; si, par exemple, le créancier et le débiteur font entre eux quelques changements à une première obligation, en ajoutant ou retranchant une hypothèque, une caution ou un terme; tous ces changements ne font que modifier l'ancienne obligation sans faire de novation; car la volonté d'éteindre la première dette et de nover ne résulte point de semblables stipulations; elles ne sont point incompatibles avec l'ancienne obligation.

Cependant l'adjonction ou la suppression d'une condition nous paraît un changement suffisant pour nover, bien que plusieurs auteurs aient soutenu le contraire. En effet, la dette n'est plus ce qu'elle était primitivement; il ne peut pas être à la fois certain et incertain qu'une chose soit due; il y a donc incompatibilité complète entre les deux obligations.

En un mot, tous les changements qui ne portent que sur l'exécution et non sur la nature de la dette nous semblent insuffisants pour démontrer l'intention de nover.

Puisque la volonté d'opérer novation doit résulter clairement de l'acte, les juges qui sont chargés de l'apprécier en fait et dans son ensemble ont un pouvoir discrétionnaire fort étendu; ils peuvent se décider d'après les circonstances, la position des parties et le rapprochement des deux obligations.

Il ne suffit pas en général de la confection d'un nouvel écrit destiné à renouveler le premier pour opérer novation; car, en agissant ainsi, les parties entendent évidemment ne faire qu'une simple reconnaissance de l'obligation.

La volonté d'opérer novation résulte du second acte quand l'objet de l'obligation est changé. Par exemple, je vous devais une somme de 3,000 francs que vous m'aviez prêtée; vous consentez ensuite à recevoir en paiement une maison. Dès ce moment-là il y a novation, car la seconde obligation est substituée à la première. La dation en paiement opère donc une novation qui résulte nécessairement, quoique tacitement, du changement d'objet de la nouvelle obligation.

Mais opère-t-elle novation de telle sorte qu'en cas d'éviction le créancier ne puisse poursuivre son débiteur que par l'action en garantie et non par celle du contrat primitif? C'est une question fort importante, car les deux actions peuvent n'être point semblables dans leurs résultats; la primitive a peut-être des sûretés que n'a pas la nouvelle; d'un autre côté, l'action en garantie donne droit à une indemnité, si la chose avait augmenté de valeur au moment de l'éviction.

La question était déjà controversée en droit romain : Ulpien, dans la loi 24, *De pignerat. act.*, accordait l'action *utilis ex empto* au créancier, qu'il considérait comme une sorte d'acheteur. Marcien, au contraire, dans la loi 46, *De solut.*, regardait la *datio in solutum* comme n'ayant jamais eu lieu ; par suite, la créance comme n'ayant jamais été éteinte ; et, par conséquent, disait que le créancier restait nanti de sa première action. Pothier, combinant ces textes, déclare que le créancier a l'une ou l'autre action à son choix. Suivant Cujas, il faut distinguer si le créancier a consenti à recevoir *rem pro pecunia*, ou *rem pro re*. Dans le premier cas, l'opération est une sorte de vente avec compensation ; dans le second, elle ressemble à un échange ; et, comme dans l'échange, le copermutant n'est tenu qu'autant qu'il y a eu *datio* réalisée à son profit, il en résulte que dans le cas contraire la créance primitive doit renaître.

Dans notre ancien droit français, il y avait également controverse ; mais la majorité des auteurs faisaient revivre la première obligation. C'est aussi l'opinion que nous adopterons ; en effet, une cause perpétuelle et absolue peut seule éteindre les droits pour toujours ; or, si l'éviction suit la dation, le débiteur n'a pas été libéré, et le créancier doit rentrer dans ses premiers droits : *cessante causa, cessat effectus.*

Mais les cautions de la première obligation, qui, par l'effet de la dation en paiement, ont été libérées, demeurent néanmoins affranchies, bien que la novation n'ait pu s'effectuer. C'est ce que nous dit l'article 2038 : « L'acceptation volontaire que le créancier a faite d'un immeuble ou d'un effet quelconque en paiement de la dette principale, décharge la caution, encore que le créancier vienne à en être évincé. » Et cette disposition est fort équitable ; car, comme le dit avec raison Toullier, on n'a rien à imputer au fidéjusseur, qui ne doit pas répondre du fait d'autrui ; tandis qu'au contraire, on peut justement imputer au créancier d'avoir trop légèrement pris en paiement un fonds qui n'appartenait point au débiteur, et d'avoir ainsi fait la remise de l'obligation du fidéjusseur. D'ailleurs, la caution a dû se croire libérée, et n'a pu prendre, après la dation en paiement, aucune mesure contre le débiteur pour se garantir de l'insolvabilité de ce dernier ; il serait donc injuste de le rendre victime de cette inaction forcée.

8

La conversion d'une dette exigible en rente perpétuelle opère-t-elle novation? C'était controversé dans l'ancien droit; on y décidait en général que la première obligation continuait à subsister; et à l'appui de cette opinion, on invoquait les motifs suivants : le créancier n'abandonne pas ses droits sur la somme qui lui est due; il consent seulement à ne pas exiger cette somme tant qu'on lui en paiera les intérêts; l'ancienne dette ne cesse donc pas d'exister; elle est seulement modifiée, en ce sens que d'exigible qu'elle était, elle est devenue non exigible.

Mais Pothier repoussait cette opinion, et admettait la novation, d'abord parce que l'aliénation de la somme exigible en renferme nécessairement, quoique implicitement, la quittance, ou, si l'on veut, la compensation avec la somme que le créancier doit donner pour la création de la rente; capital qui, n'étant plus exigible à aucun terme, n'est pas proprement dû : *est in facultate luitionis magis quam in obligatione*. Une rente et un capital sont deux choses différentes; par conséquent, la dette d'une rente et celle d'un capital n'ont pas le même objet; il en résulte que la transformation d'un capital dû en rente opère nécessairement novation, et il y a, par conséquent, extinction de la première dette et de tous ses accessoires. Cette opinion de Pothier nous paraît entièrement conforme aux principes du Code.

C'est pour les mêmes raisons que nous donnerons une décision semblable dans le cas inverse, c'est-à-dire si le débiteur d'une rente perpétuelle devient débiteur d'un capital exigible; et dans l'hypothèse où une rente viagère est substituée à un capital exigible. Dans ce dernier cas, la novation apparaît avec plus d'évidence encore : car ce n'est pas seulement l'objet, mais aussi le caractère de l'obligation qui est changé, puisque à un contrat commutatif on a substitué un contrat aléatoire. En effet, la seconde dette détruit si radicalement la première, que le constituant ne peut pas se libérer en offrant le remboursement du capital, et le créancier ne peut jamais redemander ce capital, même en cas d'inexécution de l'obligation. « Le seul défaut de paiement des arrérages de la rente, dit l'article 1978, n'autorise point celui en faveur de qui elle est constituée à demander le remboursement du capital ou à rentrer dans le fonds par lui aliéné. Il n'a que le droit de saisir et de faire vendre les biens de son débiteur, et de faire ordonner ou consentir sur le produit de la vente l'emploi d'une somme suffisante pour le service des arrérages. »

L'acceptation par le créancier d'effets négociables (lettres de change, billets à ordre) souscrits par le débiteur en paiement de sa dette, entraîne-t-elle novation? L'intérêt pratique de la question se présente surtout en matière de vente ; car si l'on dit qu'il y a novation, le vendeur qui a accepté le paiement en lettres de change n'aura plus le droit d'exercer son privilége sur le prix de la chose vendue (art. 2102, 2103), ni demander la résolution du contrat de vente si l'acheteur ne paie pas son prix (art. 1184, 1654).

D'abord, il n'y aurait pas de novation, si le vendeur a fait ses réserves, et déclaré que la souscription des effets n'avait lieu que pour arriver plus commodément au paiement. Mais s'il n'a point fait de réserve, les opinions sont divergentes.

Les uns soutiennent qu'il n'y a pas novation ; à l'appui de leur opinion, ils disent que rien ne montre clairement chez le vendeur l'intention de renoncer à sa créance primitive et à ses garanties les plus précieuses ; il est plus naturel de penser qu'il n'a eu l'intention que de se procurer un moyen plus facile et plus commode de recouvrer ce qui lui est dû ; et que la libération du débiteur est subordonnée à la condition de l'encaissement des billets. — D'ailleurs, il y a doute sur l'intention des parties ; il faut donc appliquer l'article 1273, et décider qu'il n'y a pas novation.

Les autres disent qu'il y a novation. D'abord, le créancier pouvait parfaitement bien l'empêcher en faisant des réserves pour conserver ses avantages primitifs ; il ne l'a pas fait ; il a donc manifesté ainsi l'intention de renoncer à sa première créance. D'ailleurs, s'il a perdu ses avantages, il en a acquis de nouveaux qui, pour être d'un autre genre, n'en sont pas moins précieux, c'est-à-dire le droit de céder sa créance par simple endossement, et de se procurer ainsi le paiement immédiat. — Et qu'on ne dise pas que, la libération du débiteur étant subordonnée à l'encaissement des effets, la novation ne pourrait être que conditionnelle : car, dans le cas où ces effets sont encaissés, la dette se trouve éteinte par paiement et non par novation.

Du reste, n'est-il pas évident qu'il est intervenu un contrat nouveau entre les parties? La lettre de change suppose un contrat de change : le vendeur a besoin qu'une somme d'argent lui soit comptée dans une autre place de commerce à un jour donné, et l'acheteur s'oblige à la lui faire avoir. Ce n'est pas l'objet matériel de l'obligation, mais la cause qui est changée. S'il n'y avait pas novation, le créancier aurait, relativement à la même chose, deux créances différentes qui existeraient cumulativement, munies chacune d'avantages particuliers, et entraînant, l'une, la juridiction civile, et l'autre, la juridiction commerciale.

Enfin, la loi même reconnaît implicitement, dans l'article 575 du Code de commerce, que l'acceptation d'effets négociables entraîne novation. En effet, cet article permet au négociant qui a consigné des marchandises pour être vendues à son compte, d'en revendiquer le prix en cas de faillite du commissionnaire, s'il n'a pas été payé ou réglé en valeurs. La loi, en mettant sur la même ligne le paiement et le réglement en valeurs, reconnaît implicitement que ce règlement, cette remise de valeurs a opéré novation, et que le prix des marchandises a cessé d'être dû.

Quant à nous, nous croyons qu'il faut distinguer. Si le créancier, en acceptant des valeurs commerciales en représentation du prix de vente, a donné quittance de ce prix, il a fait novation ; car, dès ce moment, la première obligation, celle du capital, a été éteinte par la seconde, celle des valeurs, qui lui a été substituée. Nous avons vu que la novation pouvait exister, quoique les deux obligations fussent comprises dans le même acte, si d'ailleurs cet acte a compris deux obligations dont l'une a éteint l'autre.

Si, au contraire, il n'a pas été donné quittance du capital, la première obligation n'a pas été éteinte dans l'intention des parties ; les effets de commerce reçus par le créancier n'ont été dans leur intention commune qu'une garantie de plus, et la novation n'aura pu s'opérer que si les effets sont payés. Dans cette dernière hypothèse, il n'est pas exact de dire que si les effets sont payés, la créance est éteinte par paiement et non par novation; car c'est justement le propre de toute novation que la seconde obligation soit destinée à remplacer la première, et l'on pourrait en dire autant de tous les cas où la novation s'est opérée; s'il y a eu novation, il y a eu deux obligations différentes; et le paiement de la seconde est justement le complément de cette novation.

CHAPITRE IV.
DES DIFFÉRENTS MODES DE NOVATION.

L'article 1271 nous indique trois manières d'opérer novation :

1° Lorsque le débiteur contracte envers son créancier une nouvelle dette qui est substituée à l'ancienne, laquelle est éteinte;

2° Lorsqu'un nouveau débiteur est substitué à l'ancien, qui est déchargé par le créancier;

3° Lorsque, par l'effet d'un nouvel engagement, un nouveau créancier est substitué à l'ancien, envers lequel le débiteur se trouve déchargé.

Il existe encore une espèce particulière de novation dont parle l'article 879, et dont nous dirons quelques mots à la fin de ce chapitre.

SECTION Iʳᵉ.
De la novation par changement de dette.

La première manière de faire novation est de substituer une seconde dette à une première, qui est éteinte.

Dans ce cas, la novation se fait entre les mêmes parties qui ont traité primitivement; mais il faut que la seconde obligation diffère en quelque chose de la première; sans cela, s'il y avait identité complète entre les deux, la seconde ne serait plus qu'une reconnaissance de la première.

La nouvelle convention peut être différente de l'ancienne, soit sous le rapport de l'objet matériel de l'obligation, soit sous celui de la cause, soit également sous celui des accessoires, hypothèques, gages ou cautionnements. Dans ce dernier cas, seulement, nous l'avons vu, ce qui ne fait que modifier la première obligation sans être incompatible avec elle, par exemple, l'adjonction d'une hypothèque, d'une caution, ne fait pas présumer que l'intention des parties ait été de faire novation, c'est-à-dire d'éteindre la première obligation et de ne laisser subsister que la seconde.

De la novation par changement de débiteur.

La novation par changement de débiteur peut s'effectuer de deux manières différentes : soit que le nouveau débiteur s'engage spontanément envers le créancier, soit qu'il ne s'oblige envers lui que par suite du mandat que lui a donné le débiteur primitif; dans le premier cas, il y a expromission; dans le second, délégation.

Nous ne parlerons ici que de l'expromission, car nous traiterons de la délégation dans la seconde partie de ce travail.

Dans l'expromission, il faut le consentement du créancier, car il peut avoir des raisons pour ne pas vouloir changer de débiteur. Mais, d'après l'article 1274, l'expromission peut très-bien s'opérer sans le concours de l'ancien débiteur; nous irons même plus loin, et nous dirons que, de même qu'un tiers peut payer ou cautionner une obligation malgré le débiteur, il peut également se porter *expromissor* malgré l'opposition de ce dernier.

L'*expromissor* diffère du fidéjusseur en ce que ce dernier, se rendant caution pour un débiteur, ne le décharge point de son obligation, mais ne fait qu'y accéder et devient débiteur avec lui.

— Du reste, cette espèce de novation est assez rare dans la pratique; on peut en citer pour exemple une personne qui veut rendre service à un ami hors d'état de payer une dette pressante.

Quant au recours que peut avoir l'*expromissor* contre le premier débiteur, il faut faire plusieurs distinctions. Le tiers s'est-il obligé à l'insu du débiteur, ou à sa connaissance, mais sans en avoir reçu mandat, nous appliquerons les règles de la gestion d'affaires, et l'intervenant aura une action pour se faire restituer ce que lui aura coûté la libération du débiteur; et même, conformément à l'article 2001, il pourra réclamer l'intérêt de ses avances à partir du jour où il les a faites.

Mais s'il s'est obligé au su et vu du débiteur, et malgré l'opposition de ce dernier, il n'aura d'action que jusqu'à concurrence des avantages qu'il lui a procurés, et les intérêts ne lui seront dus que du jour de la demande en justice (art. 1153), à moins que la dette éteinte ne fût productive d'intérêts; et l'action de l'intervenant se prescrira par le laps de temps qui restait à courir pour la prescription de la dette éteinte, tandis que l'action de gestion d'affaires ne se prescrit que par trente ans à partir du paiement (art. 2262).

Section III.
De la novation par changement de créancier.

Il y a novation par changement de créancier, quand, par l'effet d'un nouvel engagement, un nouveau créancier est substitué à l'ancien, envers lequel le débiteur se trouve déchargé. Cette espèce de novation suppose que le créancier, pour décharger son débiteur, lui donne ordre, lui impose la condition de souscrire un nouvel engagement au profit d'un autre créancier.

Il faut en effet que le débiteur consente à la novation; sans cela, le créancier ne pourrait qu'opérer un transport de créance; et cette opération, au lieu d'éteindre la première dette comme la novation, la conserverait au contraire.

Une autre différence existe entre la novation par changement de créancier et la cession de créance : dans la cession, le cédant garantit au cessionnaire l'existence de la créance; dans la novation, il n'y a aucune garantie.

Est-il nécessaire, pour qu'il y ait novation, que la nouvelle obligation renferme quelque chose qui la distingue de l'ancienne, outre le changement de créancier? Toullier soutient qu'un nouvel objet est nécessaire, et voici ses arguments : il faut supposer que le nouvel engagement que le débiteur contracte envers le nouveau créancier, de l'ordre de l'ancien, a un autre objet que la première obligation ; car s'il avait le même, le nouvel engagement ne produirait pas d'autre effet que celui d'un transport de créance, qui substitue à la vérité un créancier à un autre, mais non pas une nouvelle obligation à une ancienne. Par exemple, vous me devez 10,000 francs ; je vous en tiens quitte à condition que vous consentirez à Paul une obligation de pareille somme. Si, au contraire, je vous tiens quitte des 10,000 francs que vous me devez, à condition que vous donnerez à Paul tant de tonneaux de vin, il y a substitution d'un créancier à un autre, mais il y a aussi substitution d'une obligation à une autre dont l'objet était différent, et par conséquent novation.

Nous ne pouvons partager cette opinion, car la novation par changement de créancier seul n'est pas une cession de créance ; il faut le consentement du débiteur, tandis que pour la cession de créance, nous l'avons vu, le consentement n'est point requis. De plus, l'article 1271, § 3, ne parle point du tout de changement d'objet ; il exige simplement un nouveau créancier substitué à l'ancien. Cet article, dans les trois cas qu'il exprime, a soin de séparer le changement de débiteur ou de créancier du changement d'objet. — Enfin, nous avons pour nous l'autorité de Pothier, qni nous dit : « Lorsque la novation se fait avec l'intervention d'un nouveau débiteur ou d'un nouveau créancier, la différence de créancier ou de débiteur est une différence suffisante pour rendre la novation utile, sans qu'il soit nécessaire qu'il en intervienne d'autre. » C'est précisément ce qui avait lieu en droit romain, où l'on exigeait que dans la seconde obligation il y eût quelque chose de nouveau, et où l'on se contentait pour cela d'un changement de débiteur ou de créancier. Devant de pareils arguments, le doute ne nous semble plus possible.

La novation par changement de créancier a une grande analogie avec la subrogation ; cependant il existe entre ces deux opérations de grandes différences. La subrogation substitue, il est vrai, un créancier à un autre ; mais il y a entre elle et la novation cette différence, que la novation crée une seconde obligation qui remplace la première, tandis que dans la subrogation il n'y a pas de seconde obligation, il y a un paiement. Par l'effet de ce paiement, si rien n'intervenait de plus, la première dette serait éteinte; mais la subrogation mettant celui qui a payé à la place du créancier avec tous ses droits, laisse subsister la première obligation. Il en résulte que, dans le cas de subrogation, les qualités de la dette originaire, élection de domicile, lieu désigné pour le paiement, compétence du tribunal, etc., passent à la nouvelle, tandis qu'il n'en est point ainsi pour la novation.

Il en est de même des accessoires de la dette, cautionnements, hypothèques; ils continuent à subsister dans la subrogation, tandis que pour arriver au même résultat au moyen de la novation, il faudrait en faire réserve expresse.

Autre différence : il y a des subrogations légales; la novation est, au contraire, toujours conventionnelle.

La novation par changement de créancier se présente très-souvent en même temps que la novation par changement de débiteur dans l'hypothèse de la délégation. Il y a alors extinction simultanée de deux dettes, ainsi que nous le verrons en étudiant la délégation.

L'ancien créancier intervient quelquefois comme caution pour l'exécution d'un nouvel engagement. Mais cela ne change pas la nature du contrat, c'est simplement une sûreté de plus que réclame le nouveau créancier, qui ne connaît pas la solvabilité de son débiteur.

L'article 879 du Code civil prévoit un cas de novation d'une espèce particulière. La loi accorde aux créanciers du défunt le droit de demander la séparation des patrimoines, pour empêcher la confusion des biens d'une succession solvable avec ceux d'un héritier insolvable. L'article 879 dispose que le droit de demander la séparation des patrimoines ne peut plus être exercé, lorsqu'il y a novation dans la créance contre le défunt par l'acceptation de l'héritier pour débiteur. La loi a pris soin de préciser ce qui, dans cette hypothèse, opérait novation : c'est l'intention clairement exprimée par le créancier d'accepter l'héritier pour débiteur. C'est donc ici une novation *sui generis;* ni le créancier,

ni l'objet ne changent, pas plus que le débiteur; car, par l'effet
de la saisine, l'héritier devient le représentant juridique du défunt. Par son acceptation, le créancier ne perd donc que le droit
de demander la séparation des patrimoines, mais il conserve
d'ailleurs ses droits contre l'héritier. Toutefois, cette renonciation
est sans effet, soit quant aux autres cohéritiers, soit quant aux
autres créanciers, qui ne peuvent être liés et obligés que par
leurs actes personnels.

CHAPITRE V.

DES EFFETS DE LA NOVATION.

La novation produit, quant à la première obligation, les mêmes
effets que le paiement, c'est-à-dire l'extinction de l'obligation
primitive et de ses accessoires, tels que les intérêts qu'elle produisait, la clause pénale qui la sanctionnait, les cautions qui
en assuraient le paiement (art. 1281, § 1), les priviléges et hypothèques qui la garantissaient (art. 1278).

Mais la loi accorde aux créanciers le droit de se réserver
expressément ces accessoires. Le motif s'en conçoit aisément.
L'extinction peut être pure et simple, ou conditionnelle; elle peut
être intégrale ou partielle. Comme il s'agit pour le créancier de
renoncer à un droit positif, à un droit acquis, il peut mettre à
sa renonciation les conditions qu'il veut; il peut consentir à
exercer d'abord son recours contre le débiteur substitué, et se
réserver les priviléges et hypothèques attachés à sa première
créance, pour le cas où le débiteur substitué ne remplirait pas
ses engagements.

Les tiers créanciers du débiteur, et qui ont sur les mêmes
biens une hypothèque postérieure, ne peuvent pas se plaindre de
cette réserve, puisque le créancier n'a fait qu'user de son droit
et qu'il n'a point changé les positions respectives. Après cet acte,
ils pourront, comme auparavant, poursuivre la vente des biens
qui leur sont hypothéqués, et obtenir sur le prix la même collo-
cation qu'ils auraient eue, si l'acte emportant substitution d'une
nouvelle créance n'avait pas eu lieu. Il est certain que la position
et les droits de ces créanciers ne seront pas changés à leur pré-

judice; si, par exemple, la nouvelle obligation est plus forte que l'ancienne, la transmission de l'hypothèque ne s'opérera que jus-qu'à due concurrence du montant de la première. De même, si la nouvelle créance produit des intérêts, tandis que la première n'en portait pas, l'hypothèque ne pourra être affectée qu'au seul capital de la nouvelle dette, et non aux intérêts stipulés.

Cette disposition formelle de l'article 1278 du Code est bien préférable à l'opinion admise par Basnage et par Dumoulin, qui prétendaient que la réserve des hypothèques était de droit dans ce cas, et qu'il n'était pas nécessaire de la stipuler.

Il est évident que la réserve de l'hypothèque doit être faite dans l'acte même de la novation; sans cela, elle serait absolu-ment et irrévocablement éteinte, et cette extinction profiterait aux créanciers postérieurs. *Obligatio semel extincta non reviviscit.*

Lorsque la novation s'opère par la substitution d'un nouveau débiteur, dit l'article 1279, les priviléges et hypothèques primi-tifs de la créance ne peuvent point passer sur les biens du nou-veau débiteur. Le nouveau débiteur peut bien consentir une hypo-thèque sur ses biens, mais elle n'aura aucun rapport avec celle de la première obligation, laquelle est éteinte.

Mais si l'hypothèque de la première dette ne peut pas être transportée sur les biens du nouveau débiteur, peut-elle au moins être maintenue sur ceux de l'ancien, à sa date? Sans doute, l'article 1279 ne parle que du nouveau débiteur; par ar-gument *a contrario*, nous déciderons que rien n'empêche cette réserve sur les biens de l'ancien. C'est d'ailleurs la conséquence du droit qu'a le créancier de réserver ses sûretés.

Mais le créancier pourra-t-il réserver les priviléges et hypo-thèques sur les biens de l'ancien débiteur sans le consentement de ce dernier? Pothier dit que « la translation des hypothèques de l'ancienne créance à la nouvelle ne peut se faire qu'avec le consentement de la personne à qui les choses hypothéquées appartiennent. » Mais Toullier et Duranton combattent avec rai-son cette opinion, en disant qu'il ne s'agit pas de conférer une nouvelle hypothèque, mais bien de maintenir celle qui a été consentie par le propriétaire des biens hypothéqués; le créancier

qui peut le plus peut aussi le moins. Il peut, en faisant une novation, et en acceptant la substitution d'un nouveau débiteur à
l'ancien, donner par le fait décharge des priviléges et hypothèques
primitifs, mais rien ne l'y oblige. Il peut décharger le premier
débiteur de l'action personnelle, et conserver son droit intact sur
les biens affectés. Ainsi le consentement du propriétaire n'est
pas nécessaire pour que le créancier se réserve les priviléges et
hypothèques sur les biens de ce dernier.

Lorsque la novation s'opère entre le créancier et l'un des débiteurs solidaires, nous dit l'article 1280, les priviléges et hypothèques de l'ancienne créance ne peuvent être réservés que sur
les biens de celui qui contracte la nouvelle dette. Néanmoins,
rien n'empêche le créancier de stipuler la conservation de ses
sûretés sur les biens des autres débiteurs solidaires, car il a le
droit, nous l'avons vu, de mettre à l'accomplissement de la novation les conditions qu'il voudra; seulement, il faudra alors le
consentement des autres codébiteurs.

Cependant, certains auteurs soutiennent qu'il existe une contradiction entre l'article 1280 et le numéro 3 de l'article 1251,
qui admet la subrogation de plein droit « au profit de celui qui,
étant tenu avec d'autres ou pour d'autres au paiement de la
dette, avait intérêt de l'acquitter. » Ils disent que la novation
ayant l'effet d'un paiement, le débiteur solidaire qui a nové est
censé avoir payé la dette commune : que, dès ce moment, en
vertu de l'article 1251, § 3, il a été subrogé à tous les droits du
créancier, et, par conséquent, à l'hypothèque que ce dernier
avait sur les biens de tous ses codébiteurs, si cette hypothèque
était dans le premier contrat; que, par suite, si la seconde obligation n'était pas payée et que le débiteur fût insolvable, le
créancier, en vertu de l'article 1166, pourrait, en exerçant les
droits de son débiteur, intenter contre les autres débiteurs solidaires l'action hypothécaire qu'il avait perdue par l'extinction de
la première obligation, et qu'il avait transmise par la subrogation au débiteur qui l'avait novée. De tout cela, ces auteurs concluent que l'article 1281 est inconciliable avec l'article 1251, § 3,
puisque le premier admet la possibilité de réserves, dont, d'après

l'article 1251, § 3, il se serait dessaisi en faveur de son débiteur.

Nous pensons que la critique n'est nullement fondée, et que les deux articles précités n'ont rien d'inconciliable. Le vice de cette opinion tient à ce qu'on n'a pas suffisamment remarqué la différence entre les effets de la novation et ceux de la subrogation.

La subrogation suppose un paiement réel; la novation, un paiement fictif. La novation équivaut au paiement quant à la première dette; pourquoi? Parce qu'elle éteint la première obligation, et que, par suite, les débiteurs de cette obligation sont libérés. Mais, tandis que la première obligation a été éteinte avec toutes les conséquences de l'extinction, la dette n'est pas encore payée; entre le créancier et le débiteur, il y a encore un paiement à opérer.

Il ne peut donc pas y avoir encore subrogation, parce qu'il n'y a pas paiement. Cela est si vrai, que la loi française, conforme sur ce point à la loi romaine, permet au créancier, dans la novation, de se réserver les hypothèques de la première obligation. Or, si par l'effet d'une subrogation, il les avait abandonnées, il ne pourrait plus faire cette réserve.

Examinons maintenant la position respective des parties, et tout s'éclaircira. Par l'effet de la novation, la première obligation a été éteinte; tous les codébiteurs sont libérés, et ils le sont avec toutes les conséquences du contrat. L'hypothèque qu'ils avaient consentie cesse d'exister par conséquent; le créancier n'aura donc aucun recours possible contre ses codébiteurs. Mais il a encore des droits à exercer contre celui qui a nové, et contre lui seul; et si ce débiteur devient insolvable, il est certain qu'il pourra en exercer les droits d'après l'article 1166; mais quels sont ces droits? Arrivons à la position du débiteur qui a libéré ses codébiteurs : il a son recours contre eux par l'action personnelle en vertu de l'article 1214, la seule qui reste. Celle-ci, il n'est pas douteux que le créancier non payé pourra l'exercer au nom de son débiteur, si elle est encore entière; quant à l'action hypothécaire, il ne le pourra pas; celle-là n'existe plus et ne saurait revivre. — En dernière analyse, les deux articles du Code n'offrent aucune antinomie.

Par la novation faite entre le créancier et l'un des débiteurs solidaires, les codébiteurs sont libérés (art. 1281). Mais si le créancier a nové seulement la part de ce débiteur qu'il a entendu décharger de la solidarité, les autres codébiteurs ne sont libérés que jusqu'à concurrence de la part de celui qui a fait novation (art. 1210).

Il en est de même, nous l'avons déjà dit, pour les cautions : une fois la novation accomplie, la première dette est éteinte à l'égard du débiteur principal ; il en résulte comme conséquence que les cautions sont libérées, comme elles le seraient si le débiteur principal avait payé. Le cautionnement n'ayant été souscrit que comme sûreté et garantie du paiement, dès que la dette cautionnée se trouve éteinte d'une manière quelconque, le cautionnement l'est aussi. En effet, il est complétement étranger à la nouvelle obligation ; on ne peut pas, à l'insu de la caution et sans son concours, changer son engagement et affecter le cautionnement, qui n'a été souscrit que pour la première obligation, à la seconde, qui n'existait pas encore lorsque le cautionnement a été souscrit.

Mais le créancier qui ne veut pas sacrifier les avantages de sa créance peut exiger que les codébiteurs solidaires ou les cautions accèdent à la nouvelle obligation. Alors, la nouvelle convention étant conditionnelle, il n'y aura de novation qu'autant que la condition stipulée aura été remplie, et que l'accession aura réellement eu lieu. De sorte que, si les cautions ou les codébiteurs refusent d'accéder au nouvel engagement, la novation n'existera point, et les codébiteurs ou les cautions continueront d'être obligés en vertu de la première obligation. Cette disposition de la loi se conçoit d'autant mieux, que le cautionnement et la solidarité sont des conventions faites le plus souvent *intuitu personæ*. De plus, le créancier y trouve son avantage ; car, malgré le mauvais vouloir des codébiteurs ou des cautions qui refusent d'accéder au second engagement, ils seront toujours tenus, soit en vertu de la seconde obligation, s'ils y adhèrent, soit en vertu de la première, s'ils n'y adhèrent pas.

DEUXIÈME PARTIE

DE LA DÉLÉGATION

CHAPITRE Ier
DU CARACTÈRE ET DES ÉLÉMENTS CONSTITUTIFS DE LA DÉLÉGATION.

La délégation est un acte par lequel un débiteur, pour s'acquitter, donne à son créancier un autre débiteur qui s'oblige envers le créancier.

La délégation est parfaite ou imparfaite. Elle est parfaite quand le débiteur nouveau prend la place de l'ancien, qui est libéré par le créancier ; elle est imparfaite quand le créancier qui accepte le nouveau débiteur ne décharge pas l'ancien. La délégation parfaite seule opère novation ; mais il faut (art. 1275) que le créancier ait expressément déclaré qu'il a entendu décharger son débiteur qui a fait la délégation. En effet, toute novation est subordonnée à l'extinction de la première obligation. La délégation donne bien un nouveau débiteur au créancier ; mais la nouvelle dette contractée par ce débiteur pourrait subsister avec l'ancienne ; le créancier peut parfaitement avoir deux débiteurs au lieu d'un pour la même dette, et ne les décharger l'un et l'autre que lorsqu'il recevra son paiement intégral ; c'est ce qui se rencontre dans le cas de la délégation imparfaite, dont nous ne nous occuperons plus, pour nous restreindre à la délégation parfaite.

La déclaration exigée par l'article 1275 n'a pas besoin d'être faite en termes sacramentels ; elle peut être faite en termes équivalents, pourvu d'ailleurs qu'elle soit exprimée. Cependant quelques auteurs, notamment Toullier, ont soutenu qu'il suffit que la volonté du créancier ne soit pas douteuse, qu'elle résulte clairement de l'acte. Mais nous ne saurions partager cette opinion. En effet, l'article 1275, qui dit que la délégation n'opère novation qu'autant que le créancier a expressément déclaré qu'il entendait décharger son débiteur, est évidemment plus rigoureux que l'article 1273, d'après lequel il suffit que la volonté d'opérer novation résulte clairement de l'acte. Une décharge qui ne serait point expresse, et que l'on voudrait faire résulter de l'intention plus ou moins clairement établie du créancier, serait donc insuffisante pour opérer novation. En édictant l'article 1275, le législateur a voulu couper court à toutes les contestations qu'aurait fait naître la question de savoir si, en acceptant la délégation, le créancier n'a point, par là même, déchargé implicitement le délégant.

La délégation exige le concours et le consentement de trois personnes : 1° le débiteur, qui doit désigner au créancier un autre débiteur pour payer en son lieu et place; c'est le délégant. La délégation diffère en ce point de l'expromission, qui s'opère par la substitution d'un nouveau débiteur, sans qu'il soit besoin du consentement de l'ancien; 2° le débiteur délégué, qui s'oblige envers le créancier. Sous ce rapport, la délégation diffère de la cession de créance, que l'on peut faire sans le concours du débiteur et contre son gré, la créance étant un droit dont le créancier peut disposer comme bon lui semble; 3° enfin, le créancier, qui doit accepter le nouveau débiteur; c'est le délégataire. Alors seulement la délégation est parfaite pour les trois parties.

Il n'est pas indispensable que le délégant, le délégué et le délégataire donnent leur consentement simultanément. Chacun d'eux peut adhérer plus tard à ce qui a déjà été fait par les autres; mais une fois que tous ont consenti, la délégation est complète et ne peut plus être révoquée que du consentement de toutes les parties. Mais nous ne croyons pas, ainsi que le soutiennent quelques personnes, que le délégataire ne soit saisi à l'égard des tiers que par l'acceptation du délégué dans un acte authentique, ou par la signification de la délégation au délégué, si elle a eu lieu par acte sous-seing privé; car l'article 1690, sur lequel est fondée cette opinion, n'a trait qu'à la cession des créances, et aucun autre texte ne l'exige pour la délégation.

La règle édictée par l'article 1275, qui exige une décharge expresse du premier débiteur dans le cas de délégation, est une exception aux principes ordinaires de la novation, et surtout à la règle générale en matière de manifestation de volonté; elle ne saurait donc être étendue à aucune autre hypothèse. Ainsi l'expromission, tout en étant une novation par changement de débiteur, n'en reste pas moins soumise à la règle de l'article 1273, et la libération de l'ancien débiteur s'induira de l'acte même. — Quelle peut être la raison de cette différence? La voici, croyons-nous : la délégation suppose un mandat donné par le délégant au délégataire d'accepter le délégué pour débiteur; la loi a voulu éviter les contestations qui pourraient s'élever entre eux sur le sens du mandat, sur la question de savoir si, en acceptant ce mandat, le délégataire a libéré le délégant, ou s'il a voulu avoir un obligé de plus; c'est pour cette raison que l'article 1275 a exigé une déclaration expresse de volonté; tandis que le même inconvénient n'est pas à craindre quand le nouveau débiteur vient s'obliger spontanément, sans l'intervention de l'ancien. En effet, nul mandat sur le sens duquel on puisse discuter n'est intervenu entre le créancier et le premier débiteur; il ne peut donc y avoir lieu à la même difficulté. La question de savoir si le premier débiteur a été libéré dépendra de l'intention qu'auront eue le créancier et le nouvel obligé; et cette intention résultera, d'après l'article 1273, de la teneur de la convention.

Du reste, nous l'avons vu, si la délégation est faite sans décharge expresse, elle n'en sera pas moins valable, et le créancier aura deux débiteurs au lieu d'un.

La délégation diffère de la subrogation en ce qu'elle exige le concours de trois personnes, tandis que la subrogation se contente de deux. De plus, elle naît toujours de la convention, tandis qu'il peut y avoir des subrogations légales. En outre, la créance du subrogeant passe sur la tête du subrogé avec tous ses accessoires, tandis que le délégataire acquiert une créance nouvelle, complétement distincte de celle du délégant, laquelle est entièrement éteinte.

Il peut arriver qu'un débiteur indique à son créancier une

9

personne chargée de payer pour lui ; comme aussi que le créancier indique à son débiteur une personne qui sera chargée de recevoir pour son compte. La loi a craint qu'on ne pût confondre ces hypothèses avec celle de la délégation; et l'article 1277 déclare qu'elles n'opèrent point novation. Cette crainte était pour le moins superflue dans le cas où l'indication a été faite par le débiteur, en présence de la déclaration formelle exigée par l'article 1275.

Ces deux indications ne constituent que des mandats de payer ou de recevoir; mais, en réalité, il n'y a que deux parties engagées : le débiteur ou son mandataire, le créancier ou son mandataire. Or, nous avons vu que, pour la délégation, il faut trois parties distinctes; il ne peut donc y avoir aucun rapport entre ces diverses situations.

CHAPITRE II.

DES EFFETS DE LA DÉLÉGATION.

La délégation peut s'opérer de différentes manières; ainsi, je puis déléguer à mon créancier celui qui veut bien s'obliger dans le seul but de me faire une libéralité, ou bien une personne qui consent à m'ouvrir un crédit ; dans ce dernier cas, le délégant aura désormais pour créancier le délégué et non le délégataire. Mais l'hypothèse la plus générale est celle où le débiteur délègue son propre débiteur, afin de se libérer par l'intermédiaire de ce dernier. Dans ce cas, il s'opère une double novation et l'extinction de deux dettes : celle du délégant envers le délégataire, et celle du délégué envers le délégant. Et l'on pourrait éteindre ainsi un grand nombre de dettes; il suffirait de supposer une suite de personnes qui toutes seraient débitrices à la suite les unes des autres de la même somme. Ainsi, Primus doit 1,000 francs au délégant, Secundus doit 1,000 francs à Primus, Tertius doit 1,000 francs à Secundus. Par une suite de délégations comprises dans le même contrat avec l'assentiment du créancier du premier délégant, il ne restera plus que la dette de Tertius, qui sera le dernier délégué;

toutes les autres dettes intermédiaires seront éteintes. La délégation facilite donc considérablement les opérations, et c'est là surtout sa grande utilité dans la pratique.

Elle peut être soumise à une condition suspensive; dans ce cas, tout demeure en suspens jusqu'à l'événement de la condition, car on ne peut pas encore dire qui sera en définitive débiteur; ni le délégant, ni le délégué ne pourront donc être encore poursuivis.

La délégation opère novation, et par conséquent libère le débiteur délégant; le créancier se trouve donc avoir changé de débiteur. Dès qu'il a expressément déchargé son premier débiteur, il n'a plus de recours que contre le nouveau, car l'ancien est libéré. Le créancier a dû prendre tous les renseignements nécessaires pour s'assurer de la solvabilité du délégué; dès lors, si ce dernier devient insolvable, il ne peut s'imputer qu'à lui-même d'avoir trop légèrement déchargé le premier.

Tel est le principe contenu dans l'article 1276, qui y apporte néanmoins deux exceptions : l'une, si l'acte contient une réserve expresse contraire; la seconde, si le délégué était déjà en faillite ouverte ou tombé en déconfiture au moment de la délégation.

Nous ferons remarquer en passant que l'article est incorrect dans sa rédaction : il dit que le créancier n'aura de recours contre le délégant, si le délégué *devient* insolvable, que *s'il était déjà* en faillite ou en déconfiture. Cependant, malgré cette contradiction apparente, la pensée de la loi est facile à saisir; elle signifie que le délégataire n'a pas de recours contre le délégant à raison de l'insolvabilité du délégué, à moins qu'il ne l'ait stipulé, ou que la ruine du délégué n'ait précédé la délégation.

Nous avons vu qu'en droit romain le délégataire supportait les risques de l'insolvabilité du délégué, sauf les trois cas suivants : 1° s'il y avait dol de la part du délégant; 2° si ce dernier déclarait faire la délégation à ses risques et périls; 3° enfin, si le délégataire était un mari à qui sa femme avait délégué son débiteur en paiement de la dot; ce dernier cas néanmoins était lui-même sujet à des exceptions qu'il est inutile d'examiner ici. Cujas, en interprétant et combinant entre eux plusieurs textes, découvrit une nouvelle exception au principe, et prétendit que l'insolvabilité du délégué devait être à la charge du délégant si elle existait déjà au moment de la délégation, et si elle était ignorée du délégataire.

Mais Despeisses rejetait l'opinion de Cujas, disant qu'avec ce système, la délégation n'aurait jamais pour effet de libérer le délégant, puisque le créancier dirait toujours qu'il a ignoré l'insolvabilité du débiteur qu'on lui a délégué. Cette considération de Despeisses ne pouvait être décisive ; car il ne suffit pas que le créancier dise qu'il ne connaissait pas l'insolvabilité ; il faut encore qu'il le prouve.

Aussi le Code a-t-il adopté l'opinion de Cujas ; il a été moins logique, mais plus équitable que le droit romain : en effet, la novation est un mode d'extinction aussi énergique que le paiement ; et le délégué une fois accepté par le créancier, le délégant devrait être dans la même position que s'il avait payé. Ce serait la rigueur du droit comme dans la loi romaine généralement entendue, mais les principes de l'équité ont prévalu. « La délégation, dit Pothier, renferme entre le délégant et le créancier une convention de la classe de celles qui sont intéressées de part et d'autre, dans lesquelles chacun entend recevoir autant qu'il donne. L'équité de ces conventions consiste dans l'égalité ; elles sont iniques lorsque l'une des parties donne beaucoup et reçoit peu à la place. »

Du reste, le créancier qui s'est réservé ses droits contre son débiteur primitif, ne doit les exercer que dans le cas d'insuffisance des biens du nouveau débiteur ; celui qui accepte la délégation pouvant seul poursuivre ce débiteur, contracte par là même l'engagement de faire tout ce qui dépend de lui pour en obtenir son paiement ; et ce n'est qu'après avoir épuisé son recours qu'il peut s'adresser à son ancien débiteur. C'est dans ce but que la délégation a été faite et acceptée ; sans cela il n'y aurait qu'une délégation imparfaite.

Il est évident, en ce qui concerne la seconde exception, et bien que l'article 1276 soit muet sur ce point, que cet article doit être appliqué uniquement dans le cas où, au moment de la délégation, le créancier ignorait la malheureuse position du délégué.

C'est bien ce que nous dit Malleville : « On a suivi ici l'équité contre la rigueur des principes, qui veulent que la délégation opère essentiellement novation, et par conséquent extinction de la première obligation ; telle est l'opinion de Cujas contre celle de Despeisses. Pothier (n° 604) croyait cependant que si le créancier connaissait à l'époque de la délégation l'insolvabilité du délégué, il n'avait pas de recours contre le délégant. *Mais notre article n'admet pas cette exception, sans doute parce qu'un pareil cas est purement hypothétique.* » — C'est également dans ce sens qu'a été faite l'observation suivante du Tribunal d'appel de Rennes : « Article 166. — La commission avait proposé d'ajouter aux mots : *ou tombé en déconfiture*, ceux-ci : *à l'insu du créancier.* — Mais, après y avoir réfléchi, *elle regarde cette addition comme superflue*, et le Tribunal l'a jugé ainsi, par le motif que, si le créancier avait eu connaissance de la faillite ou de la déconfiture, il n'eût point accepté la délégation. »

Ainsi, malgré le silence de l'article 1276 sur cette restriction, nous pensons qu'elle est trop fondée pour ne pas l'admettre. Si par conséquent le créancier a connu la malheureuse position du délégué au moment où il a accepté son engagement, la loi ne lui accorde aucun recours contre le délégant; car il ne peut s'en prendre qu'à lui-même d'avoir accepté; d'ailleurs, il est censé avoir voulu faire une libéralité. Il n'a aucun tort à reprocher au délégant, puisqu'il a agi en connaissance de cause : *volenti non fit injuria.*

Au surplus, comme on se trouve dans un cas d'exception, c'est au créancier qui l'invoque à prouver qu'il se trouve dans ce cas, c'est-à-dire à prouver que le délégué était en faillite ou en déconfiture au moment de la délégation.

Mais si la loi vient au secours du créancier dans les hypothèses que nous venons d'indiquer, elle ne nous dit rien de la nature du recours qu'aura le créancier contre son ancien débiteur.

La novation a-t-elle existé, et doit-on dire qu'elle s'est définitivement opérée? — Ou bien, tout en accordant qu'elle s'est produite, peut-on cependant soutenir qu'elle se trouve rétroactivement anéantie par suite de l'événement prévu? — En d'autres termes, doit-on accorder au délégataire son ancienne action contre le délégant, ou doit-on lui donner seulement une action en indemnité pour le tort que lui cause l'inexécution de l'engagement du délégué ?

La question présente de l'intérêt quand la première créance était accompagnée de garanties, cautionnements, privilèges, hypothèques. Car, si l'on décide que le créancier doit conserver son droit primitif, il pourra l'exercer avec tous ses accessoires ; tandis que si l'on déclare la première dette irrévocablement éteinte, il n'aura plus qu'une action personnelle, qui sera peut-être illusoire. — Deux systèmes se sont produits à cette occasion.

Les partisans de la première opinion disent que l'ancienne créance est définitivement éteinte avec tous ses accessoires. Le délégataire n'aura contre le délégant qu'une action en indemnité pour le tort que lui cause l'inexécution de l'engagement du délégué. En effet, dit-on, l'article 1276 accorde un recours au délé-gataire dans deux cas : celui où le délégué était insolvable lors de la délégation, et celui où le créancier s'est expressément réservé ce recours. Or, dans ce dernier cas, il est bien certainement question d'un recours en garantie ; comment en effet appeler de ce nom la restitution des anciens droits du créancier ? Il doit donc en être de même dans le premier cas.

De plus, quand il y a eu réserves expresses, si l'on faisait revivre l'action primitive, la délégation parfaite qui a eu lieu aurait été inutile. En effet, comme il n'y a intérêt à restituer l'ancienne action que dans le cas où le délégué devient insolvable, si précisément dans ce cas on la fait revivre, il en résulte que la délégation parfaite n'a plus aucune espèce de sens.

On invoque également dans ce sens les principes ordinaires de la délégation. Quand la délégation a été accomplie, il y a eu novation, et par suite, la première dette a été éteinte. Éteinte, elle n'a pu revivre, et l'insolvabilité du délégué ne peut la rétablir : *Obligatio semel extincta non reviviscit*. Comme néanmoins le créancier souffrirait de cette situation, la loi lui accorde un recours, et bien évidemment alors ce recours ne peut être qu'un recours en garantie.

Les partisans du système opposé, que nous adopterons, disent que dans les deux cas exceptionnels indiqués par l'article 1276, le délégataire conserve son ancienne créance contre son premier débiteur avec toutes les garanties qui y étaient attachées.

Examinons successivement ces deux cas.

Le premier est celui où le débiteur s'est réservé expressément un recours contre le délégant.

Dans cette hypothèse, il n'est point exact de dire qu'en faisant ces réserves, le créancier ne s'est ménagé qu'un simple recours en garantie. En effet, le mot de *réserve* implique l'idée de conservation d'un état de choses antérieur. Le créancier a eu l'intention de conserver son ancienne action et ses sûretés primitives dans le cas où il ne pourrait obtenir le paiement du délégué. Comment en effet supposer qu'ayant pris soin de prévoir le cas d'insolvabilité du délégué, il n'ait entendu se réserver pour ce cas qu'une simple action en indemnité, et abandonner les garanties de son ancienne créance? — La novation en réalité semble avoir été faite sous la condition que le nouveau débiteur exécutera les engagements qu'il a contractés envers le délégataire. Cette condition ne s'accomplissant pas, le créancier rentre dans ses anciens droits et dans l'exercice de son action primitive, car la novation n'a pas pu s'accomplir.

Quant à l'argument tiré de ce que la délégation parfaite qui a eu lieu n'aurait plus aucun sens, si l'on faisait revivre l'ancienne créance, on pourra toujours y répondre : la délégation sera parfaite en ce sens que le créancier n'aura pas le droit de s'adresser indifféremment au délégant ou au délégué, et que ce ne sera qu'en cas d'insuffisance démontrée des biens du nouveau débiteur qu'il pourra s'adresser à l'ancien en vertu de la créance primitive.

Passons maintenant à la seconde hypothèse, celle où le délégué était en faillite ouverte ou en déconfiture au moment de la délégation.

Ici encore on ne saurait dire que l'ancienne créance est irrévocablement éteinte, et que l'insolvabilité du délégué ne peut la faire revivre. Ce raisonnement serait exact si la faillite ou la déconfiture du premier débiteur était survenue postérieurement à la délégation. Ce cas, en effet, tombe sous l'application du principe général de l'article 1276. Mais telle n'est point notre hypothèse; ici, l'insolvabilité existait au moment de la délégation. La question est donc de savoir si, dans cette situation, 1° la novation devait être rescindée; 2° si elle est en effet rescindée par la loi, et si l'ancienne créance revit avec ses accessoires. — Nous n'hésitons pas à adopter l'affirmative.

En effet, en accordant un recours au délégataire, la loi a évidemment supposé qu'il avait été victime d'une erreur grave; autrement, le recours ne s'expliquerait pas. Or, l'article 1299 permet à celui qui a payé une dette éteinte par compensation, mais qui avait une juste cause d'ignorer la créance qui devait compenser la dette, de reprendre cette créance avec tous les accessoires qui y étaient attachés; le délégataire mérite au moins autant la protection de la loi que celui qui a payé par erreur, car il rend en général service au délégant.

Ce qu'il importe surtout de remarquer, c'est que la loi, dans l'article 1299, n'a fait qu'une application de la théorie générale admise par le Code en matière d'erreur. Or, la théorie de la loi, ainsi qu'il résulte de l'article 1117, est que l'erreur en général rescinde rétroactivement les conventions. Du moment donc que l'on reconnaît que le recours accordé par la loi en cas d'insolvabilité du délégué, a pour fondement l'erreur du délégataire, nous soutenons qu'il faut appliquer purement et simplement la théorie générale de l'article 1117, et nous argumentons de l'application spéciale faite de cette théorie dans l'article 1299.

On peut également tirer un argument de la similitude qui existe entre la dation en paiement et la novation; quand le créancier qui a consenti à recevoir un objet autre que celui qui lui était dû en est évincé, on décide en général que la créance primitive n'a pas cessé d'exister avec ses accessoires; or celui dont la créance est inefficace par une cause existante au moment de la délégation, en est en quelque sorte évincé.

Nous invoquerons aussi à l'appui de notre opinion l'article 1638, qui permet à un acheteur de demander la résiliation de la vente quand le fonds acheté sa trouve grevé de servitudes non apparentes d'une importance telle que, s'il les eût connues, il ne l'eût probablement pas acheté. Le délégataire doit donc être traité au moins aussi favorablement que l'acheteur et pouvoir faire résilier la délégation.

Telle était, du reste, l'opinion de Cujas : *Æquum est*, dit-il, *ne delegatio liberet delegantem. Æquum est ut sit creditori integra actio adversus delegantem.* (Cuj., ad leg. 26, § 2, Mand., t. 2, oper. postum.)

Voici comment s'exprime à cet égard Renault (de l'Orne) : « En déchargeant le délégant, le créancier suit la solvabilité du délégué; d'où il suit qu'il n'a point de recours contre celui-là, si celui-ci devient insolvable. Il en serait autrement si l'acte de décharge contenait une réserve en cas d'insolvabilité, ou si le délégué était déjà en faillite ouverte ou tombé en déconfiture au moment de la délégation. Dans ces deux cas, le créancier aurait son recours contre le délégant. La clause de réserve le lui donnerait dans le premier cas; et dans le second, la décharge qu'il lui aurait donnée serait regardée comme le fruit du dol ou de la surprise. »

Mentionnons encore, à l'appui de cette théorie, l'opinion de Malleville, qui nous dit « qu'on a suivi pour ce cas l'équité contre la rigueur des principes, qui veulent que la délégation comporte novation, et par conséquent extinction de la première dette. »

Enfin nous citerons ce que dit M. Bigot-Préameneu, dans l'Exposé des motifs : « Le créancier pourrait aussi être admis à revenir contre la décharge donnée, si elle avait été surprise; et on le présumerait si la personne déléguée était déjà en faillite ouverte ou tombée en déconfiture au moment de la délégation. L'équité a dû faire consacrer cette opinion. La délégation est un contrat commutatif dans lequel le créancier, qui doit recevoir un équivalent de la décharge qu'il consent au premier débiteur, n'en recevrait cependant aucun si le débiteur substitué était dès lors notoirement insolvable. »

Devant de pareils arguments, le doute ne nous semble plus possible.

Concluons. Dans les deux cas exceptionnels indiqués par l'article 1276, où le délégataire peut recourir contre le délégant, ce délégataire pourra exercer son ancienne action avec toutes les garanties qui l'accompagnent : cautionnements, priviléges, hypothèques.

Dans ces deux hypothèses, le délégant est donc tenu de garantir la solvabilité du délégué ; et c'est une nouvelle différence qui existe entre la délégation et la cession de créances ; en effet, dans cette dernière opération, le cédant n'est tenu qu'à la garantie de l'existence de la créance ; peu importe ici la solvabilité du cédé. La raison de cette différence est bien simple. Dans la délégation, le délégataire rend en général service au délégant ; il mérite donc la protection de la loi, car il ne cherche pas à réaliser un gain. Dans la cession de créances, au contraire, le cessionnaire veut faire une spéculation ; il est donc naturel que la loi ne protége pas ceux qui ne songent qu'à retirer de la créance qu'ils ont achetée le plus de bénéfice possible, en poursuivant le débiteur souvent avec une extrême rigueur.

Pour terminer les effets de la délégation, il nous reste encore à examiner une question dont le Code n'a point parlé, lacune qui nous est signalée ainsi par Malleville : « On a.omis dans cette section une décision bien essentielle, c'est que le débiteur délégué et consentant à la délégation ne peut opposer à son nouveau créancier l'exception qu'il aurait eue contre son créancier originaire, quand même il l'aurait ignorée lors de la délégation ; sauf, en cas d'ignorance, son recours contre le créancier originaire. » — Telle est la question que nous allons examiner.

Si le délégué s'est obligé envers le délégataire en sachant bien qu'il n'était pas débiteur du délégant, il sera censé avoir voulu faire une libéralité à ce dernier, et renoncé ainsi à son moyen de défense ; il ne pourra donc pas en faire usage contre le délégataire.

Mais s'il s'est laissé déléguer dans la fausse persuasion qu'il était débiteur du délégant, et que cette erreur soit plus tard reconnue, le délégué sera-t-il tenu de remplir son obligation ? Il faut distinguer : ou le délégataire est réellement créancier du délégant, ou il ne l'est pas. Dans le premier cas, le délégué devra exécuter son obligation malgré son erreur, car le délégataire ne doit pas en souffrir, *quia ille suum recepit;* il ne fait que réclamer ce qui lui était dû par son ancien débiteur, qu'il a déchargé par la délégation. Comme son erreur ne porte pas sur la cause de la délégation, mais seulement sur le motif qui a engagé le délégué à s'obliger envers le délégataire, elle ne peut entraîner la nullité de la novation. C'est bien ce que nous dit Marcadé, sur l'article 1275 : « Alors même que le délégué ne serait venu s'obliger que parce qu'il se croyait débiteur du délégant, et qu'il serait ensuite reconnu que la prétendue créance de celui-ci n'existait pas, la novation ainsi que l'obligation du délégué n'en existeraient pas moins, car l'obligation que ce délégué a contractée a eu pour cause, non pas l'existence de sa prétendue dette envers le délégant, mais bien l'existence de la dette de ce délégant envers le créancier (art. 1108, n° 5) ; ce qui s'évanouit ici a pu être le motif du contrat, mais n'en a pas été la cause; or, c'est seulement l'absence de cause qui rend le contrat nul. Il est évident, au surplus, que le délégué devient alors créancier sur le délégant de la somme dont il l'a libéré et pour laquelle il a ainsi fait son affaire. »

Comme le délégué n'a pas eu l'intention de faire une libéralité au délégant, et qu'il a fait son affaire en le libérant, il pourra réclamer de lui tout ce qu'il aura payé pour sa libération par l'action *mandati contraria*. Mais il n'est pas toujours indifférent pour lui d'avoir cette action, ou la répétition contre le créancier, parce que le délégant peut être insolvable.

Arrivons au second cas, celui où le délégataire n'était pas créancier du délégant. Il se peut que le délégant ait fait la délégation, soit parce qu'il se croyait faussement débiteur du délégataire, soit parce qu'il a voulu lui faire une libéralité; dans ces deux hypothèses, le délégué pourra se refuser à payer quand l'erreur sera découverte.

Cette différence entre les deux solutions se conçoit sans peine. En effet, dans le premier cas, le délégataire, qui est vraiment créancier du délégant, subirait un préjudice si le délégué se trouvait déchargé de son obligation et dispensé de payer ; car le délégataire a libéré son débiteur primitif; il n'aurait donc plus de recours contre personne; il n'y a pas de motif de le traiter sévèrement, car il n'a aucune faute à se reprocher : *certat de damno vitando*. Dans la seconde hypothèse, au contraire, il ne s'agit pour le délégataire que de réaliser un gain : *certat de lucro captando*; on devra donc lui préférer le délégué qui s'expose à perdre, car son recours contre le délégant serait illusoire, si ce dernier devenait insolvable.

Toutefois le délégué, lorsqu'il ne peut opposer au délégataire les exceptions qu'il avait contre le délégant, a le droit de lui opposer celles que le délégant lui-même avait contre ce créancier. — Dans toutes ces hypothèses, les règles du droit français sont conformes à celles du droit romain et de notre ancienne jurisprudence.

Cependant plusieurs auteurs n'admettent pas d'une manière générale l'opinion suivant laquelle le délégué ne peut jamais se prévaloir contre le délégataire des exceptions qu'il avait contre le délégant, quand il s'agit de délégation à titre onéreux, c'est-à-dire dans le cas où le délégataire est véritablement créancier du délégant. Ils distinguent, en s'appuyant sur l'article 1377, entre le cas où le créancier a déchargé son débiteur délégant et a détruit son titre, et celui où il a fait cette décharge, mais tout en conservant le titre de sa créance. Dans le premier cas, disent-ils, malgré son erreur, le délégué ne pourra invoquer ses exceptions et répéter ce qu'il a payé, parce que, si on lui donnait ce droit, le créancier, ayant perdu toute action contre le délégant, serait en perte, et *inter errantem et patientem nulla dubitatio est.* — Mais si le délégataire a conservé son titre, il a toujours ses droits intacts contre son débiteur, qui ne peut lui opposer sa décharge, parce que cette décharge a été la suite de l'erreur du délégué; et dès lors il ne doit pas pouvoir invoquer l'engagement du délégué à son profit, ni retenir ce que celui-ci lui aurait payé. — Telle est l'opinion que soutiennent notamment Duranton et Larombière.

Mais cette solution, qui ne repose que sur l'article 1377, ne saurait être admise. En effet, le cas prévu par cet article est tout différent de celui dont nous nous occupons. L'article 1377 suppose que la personne qui se croyait débitrice a payé par erreur en son propre nom à celui qu'elle croyait son créancier ; dans ce cas, si c'est une autre personne qui est le véritable débiteur, celui qui a payé ne voulant acquitter que sa propre dette, il faut distinguer si le créancier qui a reçu le paiement a conservé ou détruit son titre. S'il l'a détruit, comme il n'a plus de recours contre son véritable débiteur, la répétition ne peut plus avoir lieu ; s'il l'a conservé, il a toujours ses droits intacts contre ce débiteur, qui ne saurait se prévaloir de ce qui a été payé par erreur, parce qu'en payant, on n'a pas voulu éteindre, et par suite, l'on n'a pas éteint sa propre dette ; le créancier n'a donc aucune raison pour retenir ce qu'on lui a indûment payé. — Mais dans notre hypothèse, il en est tout autrement. Le créancier a reçu ce qui lui était dû, et il l'a reçu de celui qui, par suite de la novation, s'est engagé pour libérer l'ancien débiteur, et non en son propre nom, et qui, par conséquent, est devenu son véritable débiteur. Que le créancier ait, ou non, conservé son titre, il n'a plus de recours contre son ancien débiteur, qui pourra toujours lui opposer comme fin de non-recevoir cette novation, car ce n'est pas le paiement, mais la novation qui a éteint la dette ; il n'y avait donc pas lieu dans ce cas à répétition, le créancier n'ayant reçu que ce qui lui était dû par son véritable débiteur.

En un mot, le délégué à titre onéreux ne peut jamais opposer au délégataire les exceptions qu'il avait contre le délégant ; et c'est encore une différence d'avec la cession de créances. Dans cette dernière opération, en effet, c'est la même dette qui passe de la tête du cédant sur celle du cessionnaire, telle qu'elle existait précédemment ; et le cédé pourra par conséquent faire valoir contre le cessionnaire les moyens de défense qu'il pouvait opposer au cédant ; d'autant plus que cette cession a été faite sans son consentement. Il ne serait donc point juste qu'il perdît par le fait d'autrui les sûretés auxquelles il avait droit, et qu'il ne peut perdre qu'en y renonçant volontairement.

DROIT COMMERCIAL

Il n'existe dans le Code de commerce aucune disposition spécialement relative à la matière de la novation. Cependant, comme l'on trouve dans le droit commercial plusieurs questions controversées qui ont trait à ce sujet, nous avons jugé nécessaire d'en dire quelques mots et d'examiner si la novation peut s'opérer dans ces diverses hypothèses.

L'admission d'une créance au passif d'une faillite, après vérification et affirmation sans réserves de la part du créancier, emporte-t-elle novation de cette créance?

La Cour de cassation s'est prononcée pour l'affirmative, en décidant que le créancier d'un failli qui, ayant le droit de se faire payer par privilége sur l'actif de la faillite, se fait admettre au nombre des créanciers ordinaires, et subit sans réserves la vérification et l'affirmation de sa créance, fait novation de cette créance et perd son privilége, de telle sorte qu'il est lié par le concordat fait avec le failli (19 juillet 1841).

Nous ne pouvons partager cette opinion. La décision de la Cour suprême est fondée sur l'article 1271; mais ce n'est évidemment pas le second paragraphe de cet article que la Cour a prétendu être applicable à l'espèce, puisque l'opération de la vérification et l'admission à l'actif n'ont pas pour objet de décharger le débiteur failli; elle a donc considéré cette admission comme la création d'une nouvelle dette substituée à l'ancienne, qui se trouve éteinte. Mais en quoi le failli peut-il être considéré comme contractant une nouvelle dette, alors que les syndics admettent, souvent en son absence, une créance qu'il sera recevable à contester plus tard, et que tout créancier pourra également critiquer, au moins jusqu'à la clôture du procès-verbal de vérification, malgré l'admission qui en aura été faite par les syndics?

Cette opinion est d'autant moins soutenable, qu'aux termes de l'article 1273 la novation ne se présume pas; il faut que la volonté de l'opérer résulte clairement de l'acte. Or, dans l'hypothèse que nous examinons, les créanciers qui produisent n'ont en vue que de faire reconnaître leur droit général à la participation de l'actif, leur titre de créancier, mais non de se faire traiter plus favorablement que les autres; tous savent qu'il ne s'agit pas pour eux de modifier leurs titres, mais uniquement de les produire; et ce serait une véritable surprise qu'on leur ferait de les déclarer déchus de l'avantage particulier qu'ils avaient stipulé; d'autant plus qu'ils n'entendent pas faire contracter une nouvelle dette à leur débiteur, en l'absence duquel la vérification se passe fréquemment, et alors surtout que la procédure de la vérification est obligatoire pour tous.

Du reste, les travaux préparatoires montrent bien que telle a été l'intention du législateur. Le projet primitif voté par la Chambre des députés portait que chaque créancier serait, lors de la vérification, interpellé de déclarer s'il se prétendait privilégié; sans cela, il ne pourrait plus se prévaloir de son privilége. On voulait ainsi éviter les réclamations tardives qui, en révélant des obligations ignorées, laissent la situation de la masse trop longtemps incertaine. Mais la Chambre des pairs rejeta cette disposition, et le second projet du Gouvernement n'en fit point mention. Voici les raisons qui furent invoquées : « Le silence du créancier sur son privilége, disait M. Tripier, ne porte aucun préjudice à la masse. Ce ne sera que le jour où l'assemblée aura lieu pour le concordat qu'il sera nécessaire de connaître les priviléges; les opérations de la faillite n'éprouveront aucun retard de ce qu'ils n'auront pas été déclarés avant cette époque. Il y aurait injustice à faire perdre à un créancier son droit, parce que son mandataire l'aurait ignoré, ou aurait omis de l'énoncer. Quelquefois, cette mention serait même surabondante, lorsque le privilége est inhérent à la nature de la créance, tel que celui du propriétaire pour loyers ; indiquer une pareille clause, c'est indiquer le privilége qui en est l'accessoire. »

En résumé, nous pensons que l'admission après vérification et affirmation sans aucune réserve de privilége, n'emporte point novation de la créance privilégiée.

Il faut conclure encore de là que l'admission de la créance résultant d'une lettre de change n'emporte pas reconnaissance novatoire dans le sens de l'article 189 du Code de commerce.

Le concordat intervenu entre le failli et ses créanciers doit-il être considéré comme un nouveau titre, opérant novation du titre primitif des créanciers qui y sont soumis ? — Les auteurs, ainsi que la jurisprudence, sont fort divisés sur cette question.

Les uns soutiennent que le concordat opère novation des créances et met à la charge du failli des obligations nouvelles ; les créanciers ne réclameront désormais leur dividende qu'en vertu de ce traité, et non plus en invoquant les titres originaires de leur créance. On en conclut que toutes les contestations qui naîtront à l'occasion de ces dettes seront soumises à la juridiction commerciale.

D'autres, et c'est l'opinion que nous adopterons, disent que le concordat n'opère point novation. En effet, la novation ne se présume pas. Pour qu'on pût l'admettre dans notre hypothèse, il faudrait que la volonté des parties de l'opérer fût évidente. Or, c'est plutôt l'intention contraire qui apparaît. En effet, le créancier qui adhère au concordat ne consent à son débiteur une remise partielle de la dette que pour assurer d'autant mieux le paiement du surplus ; et il conserve son titre, lequel peut reprendre sa force pour l'intégralité, au cas d'inexécution de la part du failli des clauses du concordat. On ne peut donc pas dire qu'il y a substitution d'une dette nouvelle à l'ancienne et extinc-

9

tion de la première dette, comme l'exige l'article 1271 pour qu'il y ait novation.

On peut en ce sens tirer un argument puissant de l'article 545 du Code de commerce, qui dit que, « nonobstant le concordat, les créanciers conservent leur action *pour la totalité de leur créance* contre les coobligés du failli. » Si la première créance était novée, et par conséquent éteinte par le concordat, l'article 545 n'aurait plus aucun sens, car il serait en contradiction formelle avec le principe contenu dans l'article 1281 du Code civil, qui dit que la novation faite avec le débiteur principal libère les cautions.

Il nous paraît donc évident que le concordat n'opère point novation des créances qui y sont comprises. Par conséquent, le droit qui reste au créancier après le concordat aura toujours la même nature qu'auparavant ; le tribunal civil restera compétent si la créance primitive était de sa compétence.

Si la créance résultait d'une lettre de change, elle continuerait à se prescrire par cinq ans, qui ne courraient, du reste, que du jour où les poursuites seraient redevenues possibles.

Le compte courant entraîne-t-il novation? — Deux personnes étant en compte courant, on peut supposer que certaines sommes, précédemment dues par l'une des parties à l'autre, ont été passées en compte courant. Y a-t-il extinction de la première dette par novation? Ainsi, en cas de vente de marchandises par l'un des contractants à l'autre, la passation en compte courant du prix de ces marchandises nove-t-elle la créance résultant du contrat de vente?

Bien que certains auteurs et quelques arrêts se soient prononcés pour la négative, nous n'hésitons pas à adopter la solution contraire et à décider que la créance résultant, dans l'exemple indiqué, de la vente des marchandises, a été éteinte et remplacée par un crédit en compte courant.

Telle, en effet, a été l'intention des parties; car le compte courant implique l'existence d'une convention tacite, en vertu de laquelle ceux qui sont en compte courant s'engagent à suspendre la réclamation des valeurs échues jusqu'à l'*époque*, c'est-à-dire l'arrêté de compte ; de sorte que jusqu'à ce moment on n'a pas de créances ni de dettes, mais des articles de *crédit* et des articles de *débit*, qui ne sont pas exigibles et qui contribuent à former le solde au profit de l'une ou de l'autre partie. Les valeurs qui sont mises au compte sont donc laissées à la disposition entière de celui qui les reçoit ; il y a prêt réciproque de ces valeurs. On voit ainsi comment le compte courant implique de sa nature un transport réciproque de propriété des valeurs qui y sont comprises, et comment il dénature les créances et les dettes en les transformant en articles de crédit et de débit.

On se trouve donc ici dans le premier cas de l'article 1271 du Code civil : il y a novation par changement de dette ; l'acheteur (en supposant que le solde du compte se trouve à son débit) sera désormais débiteur à titre de compte courant au lieu de l'être à titre de vente.

Mais le seul fait de l'insertion d'une créance dans un compte courant suffit-il pour nover ? ou faut-il, pour la validité de la novation, une condition extrinsèque, l'écriture ? — Cette dernière solution est adoptée par Delamarre et Lepoitvin dans leur *Droit commercial ;* ils soutiennent que la novation n'existera que lorsque le vendeur aura passé écriture du prix sur ses livres au débit de l'acheteur. Mais cette opinion ne nous semble pas admissible, car la novation existe par le seul consentement des parties ; il suffit donc ici qu'il soit bien convenu entre elles que la créance a passé au compte courant. De plus, il n'y a point en droit français d'autres obligations littérales que celles spécialement indiquées par la loi, comme celles résultant des lettres de change. Dans notre hypothèse les écritures ne seront donc point essentielles à la formation de la novation, car elles ne constituent pas le compte courant, mais elles peuvent servir à prouver une convention de compte courant ; Delamarre et Lepoitvin le disent eux-mêmes dans une autre partie de leur ouvrage ; comment dès lors prétendre que l'écriture est nécessaire dans le compte courant pour que la novation puisse s'opérer, si l'écriture n'est qu'un simple moyen de preuve ?

En un mot, nous admettons, avec l'opinion générale des auteurs et de la jurisprudence, que la passation pure et simple en compte courant a pour effet d'éteindre la dette originaire, et de la remplacer par une nouvelle, n'ayant plus d'autre cause ni d'autre titre que le compte courant, et, par conséquent, le droit primitif des parties se trouve éteint avec toutes les qualités et les garanties qui y étaient attachées.

De la novation opérée par la passation en compte courant, il résulte :

1° Que si deux personnes se trouvant en compte courant, l'une d'elles porte au débit de l'autre des effets de commerce signés de celle-ci, et revenus impayés faute d'encaissement à l'échéance, il n'y a plus lieu à la prescription quinquennale de l'article 189. En effet, les valeurs se confondant avec le compte courant dont elles sont un des éléments, l'action en paiement de ces valeurs se confond avec l'action en paiement du solde du compte courant, laquelle n'est prescriptible que par trente ans (Cass., 10 janvier 1872).—En un mot, il n'y a plus dette d'effets du commerce, mais dette de compte courant ;

2° Que si la dette passée en compte courant était munie de garanties particulières, ces garanties disparaissent ;

3° Que si la dette était civile, elle devient commerciale par suite de la passation en compte courant.

Mais, ainsi que le font observer Gouget et Merger, il est certain que l'effet de la novation ne pourrait pas aller jusqu'à suspendre au regard des tiers l'exigibilité des articles dont les titres sont entrés dans le compte courant. Par exemple, le débiteur d'une lettre de change ne pourrait pas être admis à en refuser ou ajourner le paiement jusqu'à l'apurement du compte définitif.

Il faut également remarquer que l'incompatibilité entre le compte courant et les anciens titres des créances qui y sont entrées n'est pas telle, que les parties, tout en consentant à ce que les anciennes créances figurent dans ce compte, ne puissent en maintenir le titre et empêcher la novation. — C'est ainsi qu'il a été jugé que le fait par un créancier d'avoir compris ou laissé comprendre sa créance dans un compte courant ouvert entre lui et son débiteur, n'emporte pas novation de cette créance, et, par suite, n'entraîne pas extinction du privilège (de vendeur) qui y est attaché, s'il est constaté que les parties n'ont pas eu l'intention d'opérer une novation (Cass., 16 mars 1857).

APPENDICE

DE LA NOVATION JUDICIAIRE DANS LE DROIT ACTUEL

Dans la partie de notre travail consacrée au droit romain, nous avons reconnu, avec divers interprètes, que la *litis contestatio* opérait une novation d'une nature particulière, que l'on avait appelée *judiciaire,* parce qu'elle naissait d'une action en justice ; ou *nécessaire,* parce qu'elle se formait sans la volonté exprimée des parties, et qu'elle était une conséquence nécessaire et forcée de l'instance.

La loi française admet-elle cette novation ?

Il est évident pour tout le monde que la *litis contestatio* n'est pas reproduite dans notre droit. Cependant, l'exploit introductif d'instance, sans avoir des effets semblables, en produit néanmoins qui peuvent avoir quelque influence dans la théorie de la novation. C'est cette influence qu'il faut apprécier.

Les auteurs modernes sont loin de s'entendre sur ce point. Pour mieux faire comprendre la question, nous allons citer l'opinion de Proudhon (*Traité de l'usufruit,* t. III, n° 1290) :

« Quand un procès est intenté par une personne contre une autre, sitôt que les deux parties comparaissent devant le Tribunal, l'une pour demander que la chose qui fait l'objet de sa réclamation lui soit adjugée, l'autre pour défendre au fond sur cette demande, il se forme entre les deux contendants un compromis judiciaire, ou, en d'autres termes, une convention tacite par laquelle ils sont censés s'obliger mutuellement l'un envers l'autre à exécuter ce qui sera en définitive, ou en dernier état de cause, prononcé par le juge, tout comme ceux qui remettent leur contestation à la décision d'arbitres s'obligent mutuellement, et par une convention expresse, à exécuter la sentence arbitrale qui sera rendue; avec cette différence, néanmoins, que le compromis arbitral est purement volontaire, tandis que le compromis judiciaire n'est point spontané de la part de celui qui est forcé de comparaître pour pouvoir se défendre : *Nam et sicut in stipulatione contrahitur, ita judicio contrahi.* Il se fait même, par ce compromis, une espèce de novation dans les obligations des parties, en ce que le jugement qui intervient sur leur différend, et dont elles sont censées avoir promis l'exécution, remplace tous autres titres, sans qu'on soit, par la suite, obligé de remonter aux causes qui l'ont précédé : *Proinde non originem judicii spectandam, sed ipsam judicati velut obligationem* (L. 3, § 11, D., *De pecul.*).....

« Cette espèce de compromis, que les auteurs appellent communément quasi-contrat judiciaire, n'est cependant pas un quasi-contrat proprement dit, mais une véritable convention tacite. Dans le quasi-contrat proprement dit, on ne trouve pas le *duorum vel plurium in idem placitum consensus,* qui constitue l'essence de la convention, puisqu'il ne résulte que du fait d'un seul. (Suit le développement de cette idée.) Le compromis judiciaire est d'une tout autre nature, parce qu'il n'est formé que par le consentement réciproque des colitigants. Il ne suffit pas que le gant soit jeté par l'un d'eux, il faut encore qu'il soit relevé par l'autre pour qu'il y ait acceptation de combat, et compromis réellement formé entre eux..... N'importe que ce consentement réciproque ne soit que tacite, c'est-à-dire ne soit exprimé que par le fait de l'un qui vient répondre à la demande de l'autre, il ne laisse pas d'avoir la même efficacité pour former un vrai contrat, que s'il était exprimé par des paroles, parce que les parties ont la même volonté dans un cas que dans l'autre : *sed etiam tacite consensu convenire intelligitur.* » (L. 2, D., *De pact.*)

Ainsi, comme on vient de le voir d'après ce passage de Proudhon, les uns expliquent le résultat nouveau qui se produit par l'existence d'un contrat judiciaire; le compromis de Proudhon est dans ce cas, bien qu'il ne lui en donne pas le nom.

D'autres y voient un quasi-contrat judiciaire auquel on donne une double explication. Selon les uns, il vient de ce que la convention que l'on fait résulter de l'instance est purement tacite; d'autres, remarquant que l'obligation nouvelle ne résulte pas seulement de la comparution volontaire des parties, mais de l'assignation même, de l'exploit introductif d'instance qui assure désormais le jugement, et auquel la loi a attaché les effets les plus importants, admettent à côté du contrat judiciaire un quasi-contrat formé par l'assignation. Cette dernière opinion est celle de Berryat-Saint-Prix : « Par l'assignation, dit-il, le défendeur est mis en demeure, ou de satisfaire le demandeur, ou de s'en référer à l'opinion du juge. »

On voit que, sous des noms différents, il y a dans tous les systèmes une obligation nouvelle que les uns font dériver d'un contrat judiciaire, les autres d'un compromis, d'autres d'un quasi-contrat judiciaire. On peut même aller plus loin et dire qu'il en naît également des droits nouveaux corrélatifs : pour le demandeur, celui d'obliger le défendeur à plaider et à exécuter le jugement; pour le défendeur, celui de maintenir l'instance jusqu'au jugement définitif, de telle sorte que le demandeur ne puisse pas se désister sans son consentement. Pour l'un et l'autre, c'est un lien qui, entre autres effets, produit celui de leur rendre communes les pièces du procès. Ainsi, à côté des obligations naissent les droits.

Quel nom donnerons-nous à cette situation? Nous admettons, avec Berryat-Saint-Prix, que l'exploit d'ajournement introductif d'instance engendre une véritable obligation quasi-contractuelle.

Il est certain, en effet, que la signification de l'exploit lie l'instance et impose aux deux parties l'obligation de subir le jugement. Que celui-ci soit contradictoire ou par défaut, peu importe, il n'en existe pas moins pour les contendants l'obligation de subir une sentence judiciaire. Or, il n'est pas difficile de montrer qu'à cette obligation nouvelle s'appliquent tous les caractères de l'obligation quasi-contractuelle, telle qu'elle est définie par l'article 1371 du Code. D'abord nous y trouvons un fait licite et volontaire de la part d'une partie, la signification de l'exploit par le demandeur ; puis, de ce fait licite et volontaire de l'une des parties résulte entre elles un engagement réciproque, puisque l'instance se trouve liée et qu'il y a désormais obligation pour elles de subir la sentence. Enfin, caractère essentiel de toute obligation quasi-contractuelle, l'obligation se forme *re* ; il ne suffit pas, en effet, que le demandeur ait voulu que le défendeur comparût, il a fallu une signification par huissier.

Il ne suffit pas toutefois de reconnaître qu'il existe une obligation nouvelle, des droits nouveaux ; il faut encore examiner (et c'est la seule question qu'il importe de traiter dans ce travail) quel sera l'effet de cette obligation au point de vue de la novation.

« C'est elle, disent Aubry et Rau, t. VI, p. 511, qui opère *une novation*, en ce sens que, pour l'avenir, la chose jugée tient lieu de cause à l'obligation. »

« C'est elle, dit Rauter (*Procédure civile*, n° 115), qui forme entre les parties une *novation cumulative*, pour le cas où la demande est adjugée, et fonde l'action appelée *actio judicati.* »

C'est elle qui, par le compromis, opère cette *espèce de novation* indiquée par Proudhon.

Cette *espèce de novation*, reconnue par les auteurs que nous venons de citer, auxquels nous pouvons ajouter Merlin, n'est pas acceptée par tous les interprètes de notre droit ; elle est repoussée notamment par Demolombe (t. III, n° 259), par Boitard (*Procédure*, t. Ier, n° 311) et par Berryat-Saint-Prix.

Ainsi divers auteurs y trouvent une *sorte de novation*. Cette expression si vague indique que ce n'est pas une novation véritable. On aura beau l'appeler *judiciaire*, cela prouvera seulement qu'elle naît, si elle existe, d'une contestation en justice. Si on la nomme *nécessaire*, on indiquera qu'elle s'est formée par la force des choses plutôt que par une volonté délibérée en commun. Mais la question essentielle est d'abord de savoir si elle est, ou si elle n'est pas.

Pour l'apprécier, nous avons besoin de remonter aux conditions indiquées par le Code.

Il y en a deux principales, indispensables; c'est : 1° la volonté de nover; c'est : 2° la substitution d'une obligation nouvelle à celle que l'on modifie, et l'extinction de celle-ci.

Trouverons-nous ces caractères dans la novation prétendue qui se forme par la demande en justice?

L'article 1273 du Code déclare que la novation ne se présume pas, et que la volonté de l'opérer doit résulter clairement de l'acte. — Trouverons-nous cette volonté dans le quasi-contrat? On dit que la novation en résulte nécessairement; il y aura donc une novation sans volonté de nover? Mais on ne peut, en présence de l'article 1273, admettre une novation forcée, sans un texte formel qui fait complétement défaut.—En droit romain, au contraire, la novation par *litis contestatio* résultait de textes nombreux.

Trouverons-nous maintenant, dans la prétendue novation judiciaire, l'effet essentiel de toute novation, c'est-à-dire l'extinction de la première obligation?

Dans le système que nous examinons, l'introduction d'instance produirait inévitablement cet effet; est-ce vrai?

D'après la théorie du Code, conforme en ce point à celle du droit romain, cette extinction est le résultat d'une novation effective; or, telle n'est pas la conséquence du procès. L'article 401 du Code de procédure fournit un argument décisif contre la prétendue novation nécessaire : si le défendeur fait prononcer la péremption de l'instance, le demandeur peut encore recommencer le procès en vertu du même titre; la procédure seule est anéantie; donc le droit qui a donné lieu au procès n'est pas éteint, soit par l'exploit d'ajournement, soit par la comparution des parties; et pourtant cette extinction devrait être le résultat essentiel de la prétendue novation. — En droit romain, au contraire, cette extinction était le résultat de la *litis contestatio* dans tous les cas.

L'article 1204 du Code civil confirme cette conclusion. Il déclare que les poursuites faites contre l'un des débiteurs solidaires n'empêchent pas d'en exercer de pareilles contre les autres. Or, cette disposition serait incompatible avec la novation que l'on veut faire résulter de l'introduction d'instance, car il est de la nature de la novation que les débiteurs solidaires soient libérés par la novation faite entre le créancier et l'un des débiteurs (art. 1281); de sorte que la novation que l'on suppose ici annulerait le droit que l'article 1204 reconnaît au créancier. Enfin nous ajouterons, ce que l'on ne conteste pas, que les sûretés qui garantissaient l'obligation première subsistent encore après le jugement; par conséquent il n'y a aucune extinction.

Quel est donc l'effet du quasi-contrat que nous avons reconnu?

C'est d'augmenter, au lieu de les diminuer, les garanties données au créancier. « Le but du demandeur en agissant, dit Berryat-Saint-Prix, n'est pas de compromettre ses droits et de les éteindre par une novation; il veut plutôt les conserver en invoquant l'autorité légitime : *non deteriorem causam nostram facimus actionem exercentes.* Aussi les Romains n'admettaient-ils, dans ce cas, qu'une novation imparfaite, laissant subsister les hypothèques et autres droits accessoires. On serait encore plus près de la vérité, en disant que la poursuite judiciaire *engendre un droit accessoire et auxiliaire,* qui vient se joindre au droit primitif sans en accroître la valeur. On n'éprouve ainsi aucun embarras à maintenir les engagements des cautions, débiteurs solidaires et autres coobligés; et on n'a pas besoin de remplacer un droit réel par une créance personnelle, comme le propose Merlin. »

Ainsi s'explique sans peine le maintien des hypothèques, gages, privilèges, cautionnements, que le droit romain aussi admettait. C'est la conséquence naturelle de ce que le droit primitif subsiste.

Par l'effet de l'introduction d'instance et du quasi-contrat qui en résulte, du moins dans notre opinion, il s'est donc formé pour le demandeur un droit nouveau, qui marche durant l'instance parallèlement à celui qui l'avait fondée, et qui aboutit pour lui, s'il obtient gain de cause, à un surcroît d'avantages résultant du jugement et de l'hypothèque judiciaire.

Rien de tout cela n'existe dans une novation véritable; et c'est pourquoi le Code est muet sur la prétendue novation judiciaire. Ses rédacteurs savaient qu'à côté de la novation ordinaire, les lois romaines admettaient une novation nécessaire; ils ne l'ont pas admise; ils n'ont parlé que de la première; ils ont donc, par leur silence, refusé de reconnaître la seconde, incompatible d'ailleurs avec les principes qu'ils établissaient.

C'est pour cela que Boitard dit (*Procédure*, t. Ier, n° 311) : « Rien dans notre droit français ne justifie, ne consacre chez nous cette idée de novation judiciaire qui est une idée toute romaine. »

C'est pour cela que Demolombe dit (*Traité du mariage*, t. II, n°s 429-431) : « J'ai déjà fait remarquer que nous ne connaissons pas l'espèce de novation judiciaire que produisait à Rome la *litis contestatio*. »

C'est pour cela encore que Pothier, le père du Code civil, avait dit (*Traité des obligations*, n° 584) : « Nous ne dirons rien de celle (novation) qui résultait *ex litis contestatione*, les principes du droit romain à cet égard n'étant plus d'usage parmi nous. »

Concluons en disant, avec ces auteurs, que la novation judiciaire est incompatible avec les règles du Code, et qu'elle doit être laissée à la législation romaine qui l'avait admise. — Des deux effets de l'ancienne *litis contestatio*, effet créateur, effet extinctif, l'introduction d'instance n'a conservé dans notre droit que le premier; elle ne détruit plus, mais elle crée un droit nouveau qui vient s'adjoindre au droit primitif pour en augmenter l'efficacité.

POSITIONS.

DROIT ROMAIN.

I. — La novation peut s'opérer par changement d'objet.

II. — De tout temps, l'*animus novandi* était nécessaire pour opérer novation.

III. — La règle générale, en droit romain, est que l'hérédité jacente représente la personne du défunt et non celle de l'héritier futur.

IV. — La novation intervenue entre un débiteur et l'un de ses créanciers solidaires produit ses effets à l'égard de tous. La loi 31, § 1, *de novat.*, est inconciliable avec la loi 27, pr. *De pactis* (D. 2, 14).

V. — L'adjonction d'un *fidejussor* opère novation, aussi bien que celle d'un *sponsor*.

VI. — L'insolvabilité du débiteur délégué par la femme à son mari *dotis causa* est, en règle générale, aux risques et périls de cette dernière.

DROIT FRANÇAIS.

I. — Quand, dans un contrat de vente, le prix stipulé a été converti en une rente perpétuelle, il n'y a point de novation.

II. — Quand la novation s'opère par la substitution d'un nouveau débiteur, les priviléges et hypothèques qui frappaient les biens de l'ancien débiteur pourront y être maintenus sans le consentement de ce dernier.

III. — Lorsque le délégué était en faillite ouverte ou tombé en déconfiture au moment de la délégation, le délégataire recouvre son ancienne créance contre le délégant avec toutes les garanties qui y étaient attachées.

IV. — La dot mobilière est aliénable.

V. — Le principe de l'article 883 n'est pas applicable aux créances héréditaires.

DROIT COMMERCIAL.

I. — L'action se distingue de l'intérêt par le caractère de cessibilité.

II. — Un négociant ne peut pas être condamné pour banqueroute sans avoir été préalablement déclaré en faillite par le tribunal de commerce.

DROIT CRIMINEL.

I. — Le cohéritier qui détourne des effets d'une succession se rend coupable de vol.

II. — Le complice est passible de l'aggravation de peine résultant d'une qualité personnelle à l'auteur, et déversant sur le fait une criminalité particulière.

DROIT ADMINISTRATIF.

I. — Les églises paroissiales appartiennent au domaine public de la commune.

Ces églises, quand elles cessent d'être affectées au service du culte, tombent dans le domaine privé de la commune, et non dans celui de la fabrique.

II. — Les règles du défaut profit-joint, admises en matière civile, sont applicables à la procédure devant les Conseils de préfecture.

Vu par le Doyen,
A. COURAUD.

Vu par le Président de la thèse.
Léo SAIGNAT.

Permis d'imprimer.
Le recteur de l'Académie,
Ch. ZÉVORT.

TABLE DES MATIÈRES.

DROIT ROMAIN.

DE NOVATIONIBUS ET DELEGATIONIBUS.

— 154 —

www.ingramcontent.com/pod-product-compliance
Lightning Source LLC
Chambersburg PA
CBHW050120210326
41519CB00015BA/4037